El arte de filosofar

JAVIER SÁDABA

El arte de filosofar

ℰ

ALMUZARA

Editorial Almuzara • Ensayo
Director editorial: Antonio Cuesta
Editora: Ángeles López
Corrección: Mónica Hernández
Maquetación: Joaquín Treviño

Ilustraciones: © Ana María Vacas

www.editorialalmuzara.com
pedidos@almuzaralibros.com - info@almuzaralibros.com

Editorial Almuzara
Parque Logístico de Córdoba. Ctra. Palma del Río, km 4
C/8, Nave L2, nº 3. 14005 - Córdoba

Imprime: Gráficas La Paz
ISBN: 978-84-11317-29-0
Depósito legal: CO-806-2023
Hecho e impreso en España - *Made and printed in Spain*

Nirenzat biloba Iban

Índice

Prólogo

Este es un libro que ayuda, no de autoayuda. Es un libro que espolea el pensamiento y estimula la reflexión crítica sobre nuestro tiempo y nuestra posición en la sociedad como individuos, como ciudadanos, como humanos en un planeta finito y en extremo mal gestionado.

Es una compilación de sabios pensamientos que brotan de una mente lúcida, gracias a la madurez intelectual fruto de toda una vida dedicada a estudiar, razonar, discriminar, analizar, conceptualizar, orientar, enseñar, etc. En una palabra: «Filosofar», su pasión como el mismo autor, Javier Sádaba, dice. Y que ahora, deja como legado a su nieto y, de paso, a todas las demás generaciones que quieran aprender a pensar por sí mismos.

Se trata de reflexiones, casi definiciones y descripciones, concisas, precisas y condensadas que aclaran, cuestionan e interpelan al lector sobre muchos de los temas más acuciantes de la actualidad. Lo que creemos y lo que nos dicen que hay creer, tanto en el campo de los derechos civiles como en el de las actitudes y afectos personales, en el de las costumbres y la ética universal, sobre la libertad de pensamiento y juicio crítico, y tantos otros asuntos de la vida cotidiana de los que el autor ha hecho su corpus de pensamiento para contribuir, también formalmente, a la sociedad que le ha tocado vivir. Una sociedad que vive llena de incertidumbres que no sabe manejar, manipulada, de subjetivismo extremo, donde cualquier opinión parece tener la misma validez la diga quien la diga. Es una época de desconcierto donde proliferan los gurús de las pseudociencias, las pseudoescuelas de ecléctica orientación espiritual, de nutricionistas de alma y cuerpo, de energías cósmicas y cuánticas, de filosofías baratas, políticos mediocres y una ingente cantidad de información, muchas veces contradictoria y malintencionada, que nos abruma.

Resulta especialmente indicativo la fractura entre los avances científicos y técnicos y la creciente masa acrítica, veleidosa y fácil de manipular que consume cualquier cosa e idea susceptible de calmar la ansiedad social predominante.

El autor aporta por ello algunas nociones básicas e incita a estudiar, a saber aprender para tener juicio crítico y una «vida buena» ante lo que percibe como una increíble carencia de cultura general. Nuevas carencias tal vez debidas, a la conjunción de varios factores como la eliminación de las humanidades en los programas de estudios, la excesiva especialización en detrimento del saber universal, la delegación del conocimiento en los contenidos fatuos de internet junto a la tolerancia indiscriminada y la colonización de creencias religiosas exógenas que aprovechan los nichos disponibles por el vacío existencial de las sociedades materialistas como la nuestra.

Ana M. Vacas
Artista visual y doctora en Ciencias Biológicas

LA VIDA COTIDIANA

Reivindicar la vida de todos los días no es literatura barata o pura vaciedad. Una reivindicación seria de la vida cotidiana consta de dos partes. Una se refiere a por qué hay que recordar que lo cotidiano, que no lo heroico o excéntrico, consume nuestros días. La otra propone un modo de vivirla, una manera de estar en ella.

Respecto a no olvidarla hay que repetir, como decía Borges, que estamos tejidos de tiempo. Y es que aunque suene a vieja metafísica, vivir es usar el tiempo. Este punto es clave. Avanzamos muchas veces en nuestro existir perdiendo tontamente el tiempo. No tendría que ser así. Deberíamos aprovecharlo. Como trabajamos con rutina, aburridos y sin dar la expresión personal a la profesión que nos corresponda, todo nos sucede de manera lánguida, sin pulso, sin alma. Y en vez de gozar con la familia y los cercanos, o nos entretenemos en trivialidades o no desarrollamos todo lo que nos ofrecen los lazos con nuestros allegados. Todo esto hay que recordarlo porque ahí se juega mucho de lo que entendemos por felicidad o vida buena.

En cuanto a la propuesta de cómo deberíamos pasar de estar dormidos a estar despiertos pasa por dar un toque de rebelión a lo cotidiano. Por un lado exigiendo que no se robe ese vivir que es el nuestro. Muchos no viven sino malviven. Y el tiempo se los traga. Amén de ello, lo cotidiano tendría que defenderse ante una política entre boba e inútil, una sociedad mercantilizada y unos intereses presididos por el dinero.

La conciencia de la cotidianidad nos remite a la exigencia de una política que aún está por hacer y que nos transformaría a todos en individuos mucho más fuertes en nuestros placeres y mucho más solidarios.

LA OTAN

La OTAN es una estructura militar occidental. Está de más añadir que se trata de una organización anticomunista y netamente capitalista. De la misma manera que quien manda en realidad es EE. UU. y quienes obedecen son los países europeos.

La OTAN se presentó y se presenta como el manto de la libertad, la defensa de los valores democráticos y la muralla contra la tiranía que siempre nos acecha.

Su fundación, después de la Segunda Guerra Mundial, ha ido incorporando Estados y amparando ideologías. Es el caso de España, nos metió en dicha organización el partido socialista e incluso uno de sus miembros, Javier Solana, llegó a ser su secretario general.

Recientemente se celebró en Madrid el cuarenta aniversario de su puesta en marcha. Un gobierno cínicamente pseudoizquierdista cobijó el acto con aplauso, al mismo tiempo que dobló el presupuesto militar nacional.

Una actitud con conciencia emancipadora y que no pierda de vista la justicia, que busque la paz y que se oponga al dinero, las armas y la sumisión de los pueblos diría No a la OTAN.

Y lo diría porque el militarismo es una patología a extirpar, porque el militarismo funciona como columna vertebral de los endiosados Estados, porque el militarismo es el escudo del poder y el servidor de un dinero que no tiene límites.

Queremos la paz de verdad, denunciamos todo tipo de represión y apostamos por la vida.

Por todo ello animamos a todos aquellos que todavía quieran trasformar un mundo maltrecho y que no sucumban a la hipocresía que se instala en el mal menor, a que digan teórica y prácticamente No a la OTAN.

NADA HAY NUEVO BAJO EL SOL

Es una frase conocida que acuñaron los latinos pero que ha rodado hasta nuestros días y la solemos utilizar como muestra de nuestros fracasos.

En un terreno más teórico habría que recordar los supuestos ciclos históricos, económicos o culturales. Un historiador griego afirmaba que todo lo que había imaginado lo había encontrado en la realidad. Y no pocos nos alertan que las muy frescas revoluciones acaban en secas semidictaduras.

Todo ello suele hacer que se instale en nosotros una cierta melancolía o incluso tristeza.

Políticamente aparece un realismo resignado, cansado, que no se atreve a romper el marco que nos oprime, generando sufrimiento.

Frente a ello sugiero que tal vez podamos salir por la tangente. O que en vez de resignación vayamos a la protesta. O que no dejemos de indignarnos ante la injusticia. En caso contrario, nos convertimos en patológicamente viejos... aunque vayamos al gimnasio.

DE TRANSICIÓN EN TRANSICIÓN

La Transición en España consistió en pasar de la dictadura franquista a la democracia formal y supuestamente homologable con el resto de democracias europeas. Se enfrentaron dos posturas, la posibilista reformista y la rupturista revolucionaria. Ganó la primera, tutelada por EE.UU. y Alemania, por el capitalismo socialdemócrata y por una constante propaganda en la que el argumento a favor del mal menor fue apabullante. Una minoría que permaneció fiel a la república denunció que se decidiera con más miedo que libertad a la hora de imponer una Constitución.

Actualmente una Constitución monárquica, bajo la mirada militar, machista, con una débil pseudosolución autonómica. El cansancio y la desafección han ido en aumento y el neofranquismo ha sacado con fuerza una cabeza que mantenía escondida. Y se da la paradoja de que los que criticaron la Constitución desde la izquierda, ahora la defienden a la vez que la derecha también lo hace. Unos y otros se encuentran en el desencuentro. Y la izquierda se desgarra en luchas internas agarrada al papel de comparsa que le permiten. Blancos y morados son los restos, llenos de cainismo, en los que ha caído una izquierda que dijo romper el bipartidismo.

Escribió Nietzsche que uno no es bueno porque otros sean malos. Igualmente, la parte auténticamente izquierdista debería tener en cuenta que no se es izquierda por mirar a la derecha sino por mirarse a sí misma.

MÍSTICA, MISTERIO Y MAGIA

Mística, misterio y magia son palabras con significados distintos. La mística hace referencia a algo oculto e importante que se escapa a una primera mirada. El misterio tiene un tono más religioso y añade a la mística una supuesta capacidad de una revelación que nos otorgaría felicidad. Y la magia se refiere a unos poderes que, más allá de los sentidos, supondrían el cumplimiento de nuestros deseos.

Las tres palabras tienen una larga historia y han recibido distintas interpretaciones tanto el Oriente como en Occidente.

Ahora solo quiero fijarme en los peligros que encierran hoy. Porque vivimos en una sociedad manipulada, vacía y alienada. Y ahí proliferan falsos profetas, psicólogos que cobran por confesión o espabilados que escriben para dar satisfacciones en medio de la ignorancia.

Frente a ello habría que reivindicar una razón que, sin dimitir de las emociones, no sucumba al entontecimiento interesado del poder.

POR QUÉ HAY QUE REFLEXIONAR

La evolución ha dado a los humanos un cerebro que les obliga a pensar. Pensar se puede hacer de muchas maneras, mucho o poco, mejor o peor, bien o mal. Y la reflexión consiste en darse cuenta de cómo se piensa, en hacer pausas para fijarse en qué es lo que hacemos para vivir nuestra vida. Vida llena de obstáculos, de idas y venidas, con pésimos momentos y grandes placeres.

La reflexión, así, es la brújula de la vida, el descanso para seguir andando, el parón para seguir caminando, lo que nos orienta en la existencia.

La reflexión nos defiende de la tonta credulidad, de la inercia, de debilitar más y más la voluntad. La reflexión es, por tanto, el antídoto contra dicha inercia, lo que posibilita elegir lo que nos importa, lo que evita caer en las apariencias y no dejarse llevar del primer *deslumbrón*. Y cosa importante, de no entrar en una sexualidad que nos lleve a situaciones de las que arrepentirse o a un supuesto amor que solo es flor de unos días y penitencia de años.

Se preguntará inmediatamente cómo se lograría. Una respuesta inmediata y que no es simple tautología consistiría en que la reflexión se consigue reflexionando. Y otra, con mayor contenido que dicha reflexión, hay que ejercitarla colocándose en aquellos ambientes en donde el pensar no fuera mera estupidez, que no se ciñera al puro existir o a la carencia de conversar. Y consiste en leer, estar atento a lo que sucede en la actualidad, abrirse al mundo y huir de la imbecilidad.

Lo dicho no es autoayuda. Lo dicho es reflexionar

AMOR

Decir algo sobre el amor da pereza y produce miedo. Da pereza porque no se sabe por dónde empezar o continuar. Tantos son sus flecos. Y produce miedo puesto que se ha escrito o cantado tanto sobre el amor, que toda palabra parece una palabra de más. O repite lo que otros ya dijeron. O cae, sin más, en lo trivial. El amor, sin embargo, sustrayéndose a la más generosa definición, nos persigue con su cuerpo real, con su poder absorbente. El más preciado de los bienes que decía Platón y el más peligroso de los males, que hace llorar al que sucumbe en el trapecio del desamor.

Por otro lado, el filosofar no tiene, a lo que parece, credencial alguna, para hurgar en este siempre delicado tema y ofrecernos alguna especial visión que nos posibilite pasar de la ceguera, que puede acechar al enamorado, a la contemplación sosegada de ese tan humano fenómeno.

Digamos, por el contrario, que la filosofía tiene, si no carta blanca, sí la capacidad de darle vueltas a la razón y los sentimientos, a analizar nuestro lenguaje, a colocarnos en disposición de entender o aprender más de todo lo que vive y se mueve. Y también de lo que muere. Es desde lo que muy, muy sintéticamente, voy a hablar. Y lo haré del amor pasión, las mariposas del alma, de lo que da tanta luz que sus destellos pueden cegarnos. Además, doy por supuesto que tiene sus muy decisivos sustratos genéticos y neuronales. Que, en suma, la oxitocina o la dopamina nos envuelven. Lo que sucede es que vivimos culturalmente. Y la cultura es la última capa de nuestra existencia.

El enamoramiento y el amor son dos procesos o etapas distintos. El enamoramiento es como un rayo del que no podemos defendernos, un golpe que nos da la naturaleza dejándonos en manos de lo que nos sorprende, entusiasma, gusta. El amor es un momento bien distinto. Calmado ya el impulso primero, lo que se ama es posible juzgarlo con mayor objetividad, continuar lo que fue un inicio o abandonarlo. Esto es decisivo. Y no tenerlo en cuenta lleva a la pérdida de tiempo, a lo que se suele denominar tóxico, y a la zozobra.

Lo dicho debería ser de sobra conocido, pero conviene recordarlo constantemente, al igual que los ritos de paso que estudian los antropólogos y que nos van introduciendo en la madurez. Pero existe otro estadio más avanzado y que constituye la piedra angular del amor. Es la del amor maduro, lo que continúa en el tiempo, lo que es retrato de nuestra vida, lo que nos da sentido o aquello en lo que tropezamos y caemos.

¿Qué tendría que decir la filosofía a esto último? Aparte de mostrar un respetuoso silencio… Que el vivir es una sensata lucha contra la inercia, que hay que cultivar el huerto del amor, que hay que pensarlo, que hay que gozarlo día a día y, cosa importante, que hay que insertarlo en una gran conversación, que es el retrato, más joven o más viejo, de lo que somos.

LOS GESTOS

Los gestos acompañan a las palabras. Hay gestos que las enfatizan, hacen volar lo que se dice, suplen el silencio, apuntan a lo que se quiere alcanzar y no se puede. El gesto, así, es un lenguaje añadido, una sombra que quiere dar luz al lenguaje.

Hay gestos feos, gesticulación zafia, movimientos que, en vez de acercar, apartan. Son los gestos carentes de elegancia, brutos o bobamente simples.

Pero hay gestos exquisitos. Son los que nacen entre los amantes. Un beso que sella un silencio pleno o un beso sin fin que es como la unión perfecta de dos que se aman.

Ese gesto que rodea la piel, enciende la mirada, aprieta los cuerpos, busca lo infinito, es presagio de felicidad, es decir todo sin decir nada... es el que yo quiero que te llegue, mi muy amada Ana.

NIHILISMO

Es fácil escuchar a la gente definiéndose nihilista o tachando a otros de serlo. Pero la palabra tiene más de un significado y no estará de más abundar en ello.

Nihilismo viene de la palabra latina que, etimológicamente, quiere decir «nada». Por eso se suele afirmar que el nihilista no cree en nada. En sentido estricto es imposible. Si alguien no creyera absolutamente en nada tendría que callarse o habría que encerrarlo.

En ocasiones, el llamado nihilista no acaba de creer lo no está suficientemente fundamentado. Se trata de una actitud prudente. Otras veces, se la equipara al escepticismo. En este caso se pone el acento en la debilidad de nuestras capacidades para comprender la realidad en sí misma o a la mucha mentira que generamos los humanos en sociedad. Y, por agotar algunos de sus usos más relevantes, en el lenguaje sería propio de los pesimistas. El pesimismo nace de una psicología que tiende a fijarse antes en los males que en los bienes. Este tipo de nihilismo es bastante insoportable.

Históricamente, dejando de lado a Agustín de Hipona que llamaba a los no cristianos nihilistas, Nietszche pasa por ser el padre de esta corriente filosófica. Pensaba que había que destruir los valores heredados, subvertirlos, porque, en verdad, no valían y entorpecían la vida.

Pero el nihilismo en estado puro lo encontramos en Rusia. Frente a la corrupción de los zares, un grupo radical se alzó proponiendo destruir todo. Habría, sin más, que destruir. A quienes esto piensan también se les acostumbra a llamar anarquistas.

Dostoievski lo criticó, y es que destruir sin construir es lo mismo que autodestrucción.

Me quedo con Dostoievski. Añado que, un sano anarquismo hoy, debería tener como tarea destruir la inmensa falsedad que nos envuelve, proponiendo, eso sí, algún mundo alternativo que, con modesta decisión, querríamos ver hecho carne algún día.

LA ANGUSTIA

La angustia es como un dolor del alma, un sentirse mal en general, un estado en que todo se nubla y una extraña congoja se apodera de nosotros. No es miedo o temor a algo concreto. Se instala a nuestro alrededor y hace que salten las lágrimas con facilidad. Etimológicamente quiere decir «estrechez» y es que en vez de expandirnos nos comprimimos. Freud pensó que era consecuencia de la represión sexual y los existencialistas la ven como el terror que nos produce el tiempo en su avanzar hasta la muerte. Muchos existencialistas la han manoseado tanto que a veces se presenta como una actitud elegante y propia de burgueses que se miran con falsa ternura a sí mismos. Al mismo tiempo, muchos psicólogos dan banales consejos a quienes les llegan angustiados, mientras les exprimen el bolsillo.

La angustia del despertar, la más universal de las angustias, es el recuerdo de que volvemos, con sueños y pesadillas, a un mundo que es mudo y siempre muestra un rostro hostil. Es un recuerdo de que estamos radicalmente solos. Es un recuerdo de nuestro pasado lleno de heridas. Es un recuerdo de que, queramos o no, nos movemos en el reino de la mentira.

Pero es una ocasión para reírnos de nosotros mismos, dar y recibir una caricia y no olvidar lo reparador que es un vaso de buen vino.

ENIGMA Y MISTERIO

Enigma y misterio suelen tomarse como sinónimos. Wittgenstein también lo hizo. Creo que no es cierto. Porque el enigma es algo muy difícil de resolver pero que podría resolverse mientras que el misterio, superando nuestras capacidades mentales, no lo podremos conocer nunca. Uno es un laberinto y lo otro una oscuridad en la que jamás alumbrará la luz. De ahí que suela afirmarse que en el misterio se hunden las religiones y aparece la fe frente a la razón.

Desde un punto de vista científico la diferencia es importante. Por ejemplo, no es extraño escuchar que nuestro cerebro es un misterio. Tal vez habría que decir que, sin duda, es un enigma y probablemente un misterio. Una cuestión central en una ciencia que reflexione sobre sí misma.

Entre las personas abundan las enigmáticas y todos, hasta ahora al menos, tenemos una barrera en donde aparece el misterio.

Lo malo son aquellos que, o no tienen enigma ni misterio porque se les ve enseguida, o porque tratan de disimular su vaciedad simulando un misterio.

MÍSTICA NATURAL

Es habitual entender por mística una relación especial de unidad con la divinidad. Se trataría de una vivencia extraordinaria en la que uno, más allá de la pura razón, se eleva por encima del mundo concreto y sensible. Y en este sentido la vivencia es inefable.

Este tipo de actividad humana en la que las emociones fuerzan y sobrepasan a la razón, se encuentra en todas las religiones.

En la cristiana suele ir unida a un conjunto de creencias que quieren ser racionales. De ahí que una supuestamente fría teología desconfíe de una calenturienta mística.

Pero además de estas huidas de lo que conocemos y que se sustraen al espacio y al tiempo, existe la mística natural que no intenta trascender los límites que la realidad nos impone.

Esta mística natural se admira de que el mundo exista, goza con el espectáculo que nos ofrece la naturaleza, moviliza nuestra capacidad estética y no busca unirse a ningún Dios sino que todos, humanos y cosas, podemos abrazarnos.

Esta mística no es alienación espiritualista ni fuga de los deberes y promesas naturales. Sólo los monjes de Nubia.

REFLEXIÓN Y AUTOAYUDA

Reflexionar etimológicamente quiere decir «desplegarse». Referido al lenguaje humano significa que no se actúa a ciegas o de manera simplista.

Reflexionar, dentro de las posibilidades que nos ofrece nuestra sociedad, implica ejercicio intelectual, no obrar con precipitación, avivar una cultura universal y no creer lo que sin más se nos ofrece.

Reflexionar, de esta manera, nos mueve a la prudencia y nos hace más libres.

Necesitamos hoy la reflexión para huir de la entontecedora propaganda y de la tiranía de las emociones. Si no queremos ahogarnos en nuestros propios charcos y sí decidirnos por una sana pedagogía tenemos que reflexionar. Uno ha de tener la conciencia de uno mismo para no caer en la obediencia con su pobreza mental.

Autoayuda, por su parte, quiere decir ayudarse a sí mismo. Tiene su buena cara y equivale a reflexionar. Pero en un mundo bajo el imperio de la mentira, da lugar a que la gente haga viajes alrededor de un alienado ego. Y por ahí entran los muchos brujos que nos rodean. Y así se nutren de las no pocas necesidades de la gente.

Reflexión sí, mera autoayuda no. Veámonos en nuestro espejo y no nos engañemos, llenos de miedo, con lo que nos cuentan. Se crece cuando reconocemos nuestras amargas verdades. Sin brujos, grandes o pequeños.

INVESTIGAR

Investigar es muy difícil de definir porque se trata de un concepto amplísimo. Más aún, toda la vida nos la pasamos investigando y hemos llegado al estado en el que la humanidad se encuentra, porque nos hemos esforzado en conocer el mundo y conocernos poniendo en acto todas nuestras potencias.

Pero llamamos, de manera más estricta, investigación a un saber sistematizado que busca desentrañar alguna de las muchas parcelas de la realidad. Ya la etimología apunta en esa dirección, puesto que señala que es «buscar algo siguiendo unas huellas». Y el uso que se ha hecho de la palabra distingue entre una indagación de detective y una coordinada actividad, como es la de las ciencias empíricas duras.

De lo dicho se deduce que tanto un físico con su propia metodología investiga como lo hace un historiador o un antropólogo.

Solo una advertencia en este tema, puesto que de lo amplio se puede pasar a lo muy concreto. Como decir que solo investiga quien está en el laboratorio y que la filosofía es una especie de «maría» sin garra. Y no es así.

Investiga tanto o más el que quiere desentrañar la obra de Kant o Wittgenstein, que quien se adentra en la mecánica cuántica.

ESPERANZA, ESPERA Y EXPECTATIVA

La esperanza, decían los escolásticos, es un bien arduo. Los escolásticos eran unos muy ingeniosos teólogos que metían sus afiladas mentes en los misterios divinos. La teología, decía Russell, es la ciencia del absurdo. Y es que, es harto difícil hurgar allá donde habita lo desconocido. En cualquier caso, esperar, como virtud teologal, es tanto como sufrir o introducirse en un costoso trabajo.

La espera, por su parte, es semejante a la ansiedad, a la nerviosa actitud que desespera, a una paciencia que está a punto de romperse. Nada extraño es que se haya afirmado que si alguien te hace esperar es porque no te quiere.

La expectativa es algo complejo. Por una parte, es estar atento a que suceda algo que nos dará satisfacción. Por otra, se trata de un deseo que, si se cumple, nos colma.

Es difícil la esperanza. Es no menos difícil esperar. Pero, eso sí, mantengámonos a la expectativa.

DEMOCRACIA

Democracia es una palabra que está en boca de todo el mundo y no hay Estado que no se titule democrático, sea de la índole que sea. Desde que nació en la Grecia clásica ha estado rodando históricamente, se la ha intentado fundamentar de una u otra manera, se han señalado sus deficiencias internas o se invoca como algo a lo se debe aspirar y a lo que no se puede renunciar. No es extraño que desde el campo filosófico se diga que es un concepto denso y de difíciles contornos.

En tal caso y en nuestros días se supone que la democracia posee un núcleo más allá de que, por ejemplo, se la considere directa o representativa; consiste en el modo de gobernar que eligen libremente individuos libres e iguales. En este sentido, y conviene recordarlo, ninguna monarquía es democrática puesto que manda e impera alguien por sus genes y no por haber sido seleccionado. Se trataría de algo heterónomo, por encima de nuestras cabezas, frente a lo autónomo en donde todas las cabezas son iguales.

Por mi parte voy a fijarme en una diferencia éticamente relevante y de sumo interés en lo que respecta a nuestra vida de todos los días. Y es que podríamos pensar, como lo han hecho no pocos autores, que es un deber para no matarnos y poder vivir en paz mientras que, por otro lado, la podríamos contemplar como un bien, una obra positiva en la vida humana. Un bien, en suma. En otros términos, un mal menor frente a un bien mayor, una necesidad frente a una posibilidad.

Por mi parte me inclino por lo segundo. Y habría que inculcarlo pedagógicamente de forma que no dimitamos de ideales de convivencia y de alcanzar una meta en la que se den la mano la justicia y el gozo.

INTELIGENTES Y NECIOS

Llamamos a algunas personas inteligentes y a otras necias. Hay medidas de la inteligencia, ya clásicas, que nos muestran el índice intelectual de los humanos. En el lenguaje cotidiano, sin embargo, tenemos una idea suficientemente clara de lo que es inteligente. Así si alguien aprende rápido, es ágil al razonar, sólido conversando, prudente callando o con una curiosidad que no descansa, será considerado inteligente sin más. Y nos será suficiente para colocarlo en el conjunto de los inteligentes.

Llamamos necios, por el contrario, a los que carecen de las cualidades citadas. Aun estos, y si dejamos de lado a quien la naturaleza le ha traído a este mundo con carencias cerebrales o personales, los consideramos individuos que expanden problemas y maldades. Tanto es así que a la imbecilidad se le ha llamado asesina, al tonto incapacidad de bondad o al que no se entera de nada, un peligro.

Claro que hay que suponer que tales necios son, en buena medida, responsables de su necedad. Esa es la cuestión. Y es así como podemos decir que hay tontos de los que tenemos que huir si no queremos que nos arrolle su egoísmo, desidia, su insulsa vida o la inmensa capacidad para molestar, incordiar o hacernos perder el tiempo.

Lo dicho parece que refleja algo que es difícil negar. Pero si queremos ser justos hemos de añadir que siempre hay grados, que debemos ayudar a aquellos con los que la naturaleza no ha sido muy benigna y que podemos soñar con una humanidad en la que la inteligencia se reparta al máximo y con una acción constante contra una política que entontece y unos ciudadanos que se someten, dejando muerta la dignidad.

ESTÉTICA

Fue Baugarten quien en el siglo XVIII introdujo la palabra y una idea que pronto se convertiría en disciplina académica. Dicha idea consistiría en que nosotros, apoyados en la sensibilidad, captamos lo bello. De esta manera habría un conocimiento cognitivo o teórico y un conocimiento sensitivo. De ahí surgió una revalorización de la poesía y la concepción del arte como plasmación de la estética. Por su parte Kant dirá que lo estético se refiere al sentimiento y no a los conceptos y que expresa lo bello de los objetos. La estética es subjetiva, personal, terreno de lo sensible.

Por mi parte diré que la estética, y así lo vio Mario Bunge, es un campo muy ancho, difícilmente delimitable y que no se encierra en una disciplina. Distinguiría también que hay personas con carácter sensible que son capaces de estetizar cualquier objeto. Que pueden ser fuertemente románticas, tipo Von Kleist, o muy alejadas de lo sensiblero. La ética, por el contrario, tiende a ser universal y objetiva.

El ideal consistiría no tanto en forzarlas a ser lo mismo, ni a una confusa dialéctica. El ideal sería un *pendant*. Esta palabra posee varios significados. Yo me quedaría el de «estar una cosa con otra»; es decir que lo bello o lo sublime lleven a lo bueno y a lo justo y viceversa. Como siempre, una política que no fuera inane y una pedagogía inteligente tendrían que conducirnos a enseñar deleitando y deleitar enseñando. Es esa una didáctica o *paideia* que generaría una democracia de personas libres, cultas, que unan corazón con cabeza y que no excluyan a nadie.

EL MAL

Padecer el mal todos sabemos lo que es. Hablar del mal lo hacemos con profusión. Intentar librarnos del mal es una de nuestras tareas diarias.

Mucho más difícil es definirlo. Nos debatimos por darle un contorno preciso y fracasamos. Y así desde que los humanos comenzamos a pensar. Pero para aclararnos en medio de tanta oscuridad debemos distinguir entre aquel mal producido por la naturaleza, como sería un terremoto, y aquel que nos infligimos mutuamente, como es la tortura, la guerra o la injusticia. Es este último es el que nos importa.

Se podría decir, por ejemplo, que malo es aquello que nos hace sufrir. Solo que hay cosas que nos hacen sufrir y no son malas. Es el caso de una cirugía reparadora. Se puede responder que el mal consiste en dañar a alguien con intención. Hemos de definir ahora lo que es dañar. De esta manera entramos en un círculo del que es difícil salir.

Para huir de la confusión no estaría de más añadir lo siguiente: el mal se siente y poco más podemos añadir. Tal vez las palabras traducen tales sentimientos y aparece su siempre amenazante rostro cuando cuando miramos al bien. Y es que estamos atrapados entre ambos, como ocurre en todo, entre la luz y las tinieblas. Valga el recurso al mito y a la metáfora.

INTELIGENCIA Y SUPERINTELIGENCIA

Escribía E. O. Wilson que en las emociones estamos como en el Paleolítico, en las intuiciones como en el Medioevo y en la tecnología queremos ser dioses. En cierta ocasión que hice esta cita en público, J.L. Arsuaga me corrigió diciendo que en emociones estamos como en Atapuerca. Si esto se acerca a la verdad los humanos somos seres disfuncionales, incapaces de unir razón y emociones para, de esta manera, generar sentimientos morales.

Los recientes avances de la robótica, la matemática, la física cuántica y las neurociencias nos muestran que está a nuestro alcance un superhombre que, de alguna manera, rompería nuestra especie.

Ante esta situación, se puede reaccionar con ingenuo optimismo o, por el contrario, al igual que aquellos *luditas*, que destrozaban las máquinas solo por ser máquinas, con escepticismo total.

Tal vez la mejor solución se encuentre en medio. Por un lado no negarse a los progresos de una ciencia que podría darnos grandes bienes y, por otro, reaccionar colectivamente para que tales bienes estén al alcance de todos. De este modo plantaríamos cara a un capitalismo que se dice transhumano y es inhumano, y trataríamos de que naciera una moral de equilibrados sentimientos. Para ello: más inteligencia en este mundo, sin alienarnos en otro que va de la mano del dinero, que lo encarnaría la superinteligencia. Así empezaríamos a quitar la razón a Wilson. Y a ser más justos.

RELIGIÓN

Las religiones atraviesan lugares y culturas de forma profusa y hasta invasiva. Por eso se desparraman a la hora de querer darlas un contorno fijo. Y es que se exhiben en mandatos, símbolos, mitos, ceremonias, procesiones, teologías, magias diversas, chamanes, sacerdotes, milagros, hierofanías y un sinfín más de manifestaciones. Para algunos su centro es el culto, otros lo cifran en sus ritos, no faltan quienes las toman como el opio del pueblo, algunos sociólogos como la sociedad divinizándose a sí misma y la mayor parte de los antropólogos como un conjunto de símbolos unidos a las necesidades humanas.

Por mi parte me voy a ceñir a aquellas en las que sobresalen las creencias en alguna divinidad que supera los límites del espacio y del tiempo. Es el conocido caso, por cercano, del cristianismo.

Aquí se produce el interesante caso de la manipulación del concepto de creencia. En el uso ordinario de esta creencia, decir que creo que lloverá mañana, equivale a decir que es probable que mañana llueva. Pero el creyente religioso, el cristiano por ejemplo, se monta sobre dicha creencia y crea otra artificial y lo rellena con otra, que llama fe.

Se ha generado una especie de creencia se destruye lo racional, se coloca arbitrariamente por encima y nos la quieren imponer. Lo menos que se puede decir es que no es de recibo.

LA LIBERTAD NO SE PRUEBA, LA LIBERTAD SE ENTIENDE

Libertad es una de las palabras que más se cruzan tanto en nuestro lenguaje coloquial como en el más técnico y riguroso. Libertad de expresión, política o de cualquier otra instancia envuelven todos nuestros intercambios sociales. Si elimináramos la palabra y el concepto que la acompaña desaparecería la ética, el derecho y los inevitables juicios sobre la bondad o maldad humanas. Y es que, en última instancia, la libertad es el núcleo de las acciones que nos distinguen como humanos.

Pero si esto es así ¿por qué se pone en duda? ¿Por qué esa interminable disputa entre los que sostienen que somos libres y los que, por el contrario, piensan que estamos determinados, como sucede a una ley de la naturaleza? La respuesta estaría en que no se diferencia suficientemente entre su uso en el lenguaje y su base cerebral. O lo que es lo mismo, entre el significado que damos a nuestra actividad en el mundo que nos rodea y aquellas causas que posibilitan que hablemos de libertad, como hablamos de tantas cosas más. Y así nos entenderíamos. No probamos la libertad como se prueba la ley de la gravedad. Como diría Wittgenstein son dos tipos diferentes de juegos de lenguaje. Nos basta uno. No descubriré la libertad en el interior de la cabeza sino en la calle. Valga el esquema que sigue para aclarar lo dicho.

Imaginemos que un Dios o Demiurgo observara a Javier.

Por un lado, podría contemplar lo que sucede en su cerebro cuando dice que ama a Ana y encontraría todo un intrincado movimiento que hace que sea posible que Javier ame a Ana. Pero por otro lado, vería cómo se comporta Javier con su amor. Vería el uso de Javier hablando de su libre amor. Esto último es de lo que hablamos cuando nos referimos a la libertad. Lo hacemos de su significado, de una palabra que se enrosca en nuestras acciones.

Es ese el concepto de libertad y nos es suficiente. Lo otro es pseudociencia o metafísica, dos errores que suelen ir unidos. Cuando todo es más sencillo. Solo que para eso tendríamos que ser más sencillos nosotros.

ADIÓS A LAS ARMAS

La guerra es una desgracia que caracteriza al humano como un depredador insaciable. Muestra el rostro más indeseable de la especie humana. Y no hay día sin guerras en todo el planeta. Los Estados, por su parte, afinan las armas con ejércitos que financian los ciudadanos para esta funesta empresa de destrucción.

Ante esta situación pueden enfrentarse tres posturas que reflejan la actitud de todo aquel que, neciamente, ignore este hecho o, perversamente, lo de por bueno.

La primera piensa que el ejército es una necesidad para evitar una agresión. Quienes así piensan manifiestan una mente estrecha, incapacidad elemental de moralidad y ciega obediencia.

La segunda no cuestiona la realidad de los ejércitos pero, con un pacifismo un tanto simple, opta por una política de desarme y una pedagogía de la paz.

La tercera es claramente antimilitar. Va al núcleo del asunto, que es lo militar. Y denuncia a cualquier ejército como eje de los Estados, disposición para la represión interior, modelo de inercia imbécil y desvergonzada inmoralidad.

ÉTICA Y MORAL

En el lenguaje habitual se utilizan como sinónimas las palabras ética y moral. Otras veces cuando se quiere enfatizar se usa la palabra ética dando a entender que es algo superior, casi sagrado.

No es de extrañar que se dé tal confusión. Tienen raíces etimológicas distintas, su uso ha sido poco claro y muchos filósofos las han interpretado a su antojo.

Si queremos dar una interpretación lo más ajustada posible habría que decir lo siguiente. La moral es más concreta, hace referencia a una cultura determinada. La ética es universal o, al menos, aspira a serlo. Así, por ejemplo, la moral española estaría regida por lo que consideramos nuestra historia y costumbres. La ética, en cuanto que quiere valer para todos, nos obligaría, sin duda, a no matar o torturar.

Es obvio que esa aspiración que, de alguna manera se expresa en los derechos humanos, es una labor ardua. Algunos pensamos que si no queremos caer en un caótico relativismo es la tarea que compete al humano en cuanto humano.

LOCURA

Usamos la palabra loco con frecuencia y con mucha amplitud de significados. Decimos de alguien que está loco si se arriesga mucho, o es muy exagerado o se enamora de su sobrino. O de tantas cosas más. Los hay sin duda rematadamente locos y que un profesional de la medicina recomendaría una terapia especial o sencillamente que se los internasen. De estos últimos no voy a hablar. Solo de aquellos que se mueven dentro del círculo de lo entendemos por normal.

Los griegos distinguían entre la locura que llamaban «manía» y otra que equivaldría a lo que nosotros pensamos que es propia del idiota. La manía nos diviniza, nos entusiasma, nos hace creativos, nos crea y nos recrea. La otra, y de la que por cierto escribió también Erasmo, nos hace estáticos, indiferentes, o por decirlo con claridad, estúpidos. Son los que no llegan a tener esa singularidad que define la personalidad.

En otros términos, podríamos decir que hay locos que huyen de lo zafio y vulgar a riesgo de que se les aísle o no se les entienda. Y hay locos que son responsables de su idiotez. Decía Epicteto que todos somos responsables de nuestros actos. Yo me limito a afirmar que existen *tontilocos* que saben lo que hacen.

Yo me limito a decir que bienvenida sea la locura que nos libre de la estupidez y vulgaridad. Todo ello sin pizca de elitismo y ayudando al enfermo mental. Y cómo no, también al social.

DOS CONCEPTOS DE VIDA

La vida es un hecho en la historia y la prehistoria de la humanidad. La vida surgió hace varios miles de millones de años. De lo inorgánico se pasó a lo orgánico de manera discutible, pero que, como hecho, no da lugar a dudas. Y ahí comienza la evolución. Desde los primeros microrganismos.

Hasta nosotros, que nos autodenominamos *Homo sapiens*. Y a este se le suele considerar un designio, un principio antrópico falso o también suele tomarse como algo único, propio de un necio orgullo.

Pero si hablo de la vida buena, de una vida lograda dignamente y coordinada con los que consideramos humanos, el concepto se amplia.

Y entonces hay que pensar que somos relativa pero fundamentalmente dueños de nuestro vivir. La vida en el sentido antes expuesto nos posibilita una existencia que hay que exprimir individual y colectivamente.

Cuanta palabrería e ignorancia se ahorraría si filósofos y científicos se fijaran en esta diferencia tan elemental como importante.

AMISTAD

Es habitual reconocer que es necesario tener amigos y que no tenerlos es sospechoso. Disfrutamos de los amigos y sufrimos ante la traición de quien pensábamos que era un compañero de verdad.

Existen conocidos a los que simplemente saludamos, amigos a medias y amigos de verdad.

Una clasificación más estrecha de la amistad podría hacer las siguientes distinciones. La elitista y que solo mira al otro desde la superioridad. Es la de Aristóteles. Otra que aprecia la amistad por su utilidad. Es la de Epicuro. Otra, la que lo estima porque la relación de amistad es desinteresada. Es la de Cicerón. Y en los tiempos de la posmodernidad sobraría el compromiso mutuo a favor del mero placer.

Por mi parte estimo al amigo porque escucha mis necesidades, porque me pide un consejo y lo valora, porque puedes recurrir a él en cualquier momento, porque te defenderá siempre en público. Este amigo se puede encontrar en cualquier estamento de la sociedad. Mejor si es inteligente y sencillo.

Dos observaciones más. El amigo universaliza y no teme que tengas otros amigos.

En el amor todo o casi todo se concentra en el otro. De ahí su profundidad. Y la segunda cuestión es si se puede pasar de la amistad al amor. Ahí, que cada uno levante la mano.

DOGMATISMO

El dogmático es un fósil mental. Y dogmatismo una doctrina cerrada pero vacía por dentro. El fanático cree una verdad que todo lo domina y de la que él es el depositario. No escucha a los demás y solo se escucha a sí mismo. Pero como está vacío, llena su oscuridad con un ficticio resplandor. No tiene poros, no le da el aire y es una constante fuga hacia adelante. De ahí que se inmole o sacrifique por lo que considera una gran idea. De lo que se trata es de una falsa seguridad. Como lo que cree es absurdo hace una inversión y en vez de rechazarlo lo abraza.

Dogma quería decir «opinión», pero pronto adquirió el significado de una opinión firme, rocosa, inmutable. Fanatismo hace referencia al templo y a sus sacerdotes. Posee un tinte claramente religioso. Y está emparentado con el fundamentalismo que debe su nombre a una corriente de principios del siglo pasado dentro del protestantismo luterano. El fundamentalista se agarra a unos textos sagrados inmutables que han de creerse al pie de la letra.

Es imposible dialogar con el dogmático ya que se apodera de una verdad absoluta frente a las verdades relativas y cambiantes de una sana racionalidad. Y es que es una persona ignorante e insegura o para decirlo con palabras de Hume, un idiota, no aprende y se pierde el tiempo intentando dialogar con él.

El dogmatismo crece de forma especial en las religiones. Por la importancia de un laicismo que lo desvele y avise de sus males. No olvidemos que existe también un dogmatismo muy extendido en la política. Liberémonos también de él.

SOCIALDEMOCRACIA

Hoy muchos gobiernos se llaman socialdemócratas y mucha gente se autotitula así, sin conocer su correcto significado. El hecho es que en esa corriente política, en donde casi todos confluyen, uno puede llamarse de izquierdas y llevar una vida completamente de derechas. Curiosamente, y dentro del baile de significados de nuestros días, mientras la derecha clásica se mantiene en su terreno, la izquierda clásica se ha desdibujado al haberse escorado a la derecha. Mantiene, eso sí, una decidida oposición al fascismo.

La historia de la socialdemocracia está cruzada por los movimientos obreros del siglo XIX y por los intentos de dar consistencia teórica a la revuelta contra el capitalismo. Es Marx quien la bautiza y da cuerpo al anticapitalismo. Pronto y en la Segunda Internacional, se van a diferenciar comunistas y socialistas. Los primeros siguen la vía de la lucha antiburguesa por medio de un partido único y los segundos colaboraran con la burguesía para llegar a una sociedad sin clases. Unos son reformistas o posibilistas. Los otros revolucionarios. Las disputas entre Rosa Luxemburgo y Lenin ilustran este antagonismo. Sin mencionar el anarquismo que hará su propio camino.

La socialdemocracia ha ido acoplándose al capitalismo y proponiendo un estado de bienestar con reformas, para conseguir la mejor vida posible de los ciudadanos. Pero sin tocar la estructura de un capitalismo, por lo demás, cada vez más salvaje.

De esta manera, la socialdemocracia se ha convertido en el escudo y buena cara del dinero. Y un bálsamo en el que los individuos se encuentran a gusto y un manto para que se sea izquierdista de boca y poco autocrítico.

Cada uno sabrá lo que tiene que elegir. Pero es claro que si se intenta, de verdad, lograr una sociedad más justa, la socialdemocracia es un túnel y no trasforma nada.

SOCIALDEMOCRATITIS

La socialdemocracia tiene una larga historia y muchas discusiones. Si se repasan las distintas internacionales se ve que, a la fuerza inicial dada por Marx y separado del anarquismo, le va a seguir un acercamiento progresivo al capitalismo liberal burgués. Por otro lado, y con Lenin, nos encontraremos un comunismo de partido único, hoy en claro retroceso. La cuestión central se dirime entre reforma o revolución, proceso posibilista o ruptura con el sistema capitalista, política desde dentro del sistema o desde fuera. He de confesar que desde muy joven desconfié, como lo hizo Rosa Luxemburgo, de una aproximación descarada hacia el dinero. Es en lo que han acabado los socialdemócratas. Pequeñas reformas, con proclamas sobre el estado de bienestar, pero dentro de una economía capitalista. Mis temores de entonces no han hecho sino aumentar con el paso del tiempo. Sin inclinarme al comunismo mi orientación es hacia un anarquismo del tipo de Chomsky. Desde dentro nunca se ha trasformado nada que nos acerque a una democracia directa y que luche contra todo poder. Pienso que hay que ir acariciando la utopía. Y me desagrada tanto socialista ignorante, muy de pesebre y que obedece a quien manda. Es un manto que genera un rebaño que podemos decir que está enfermo de *socialdemocratitis*.

DIOS

Se trata de una palabra que planea sobre toda la humanidad. Se usa para pedir algo, como pura exclamación e incluso como blasfemia. Sería el significado de todo lo que existe, el principio y fin del universo entero, el que otorga la felicidad sin límites. Es una palabra densa sin perfiles claros, una forma que capta la imaginación en forma de mito o magia, un manto en el que se refugia una humanidad doliente. O también el engaño supremo, la falsedad que mantiene a los individuos en estado de imbecilidad, la necesidad convertida en idiotez, la emoción que envuelve al autoengaño.

No es extraño que haya cientos de definiciones de lo que se escapa al concepto más puro. Para algunos es simplemente lo más profundo, para Borges el que conoce el último número, luego un absurdo. Para otros, paradójicamente, el único ser que no necesita ser para existir.

Limitándonos a nuestro suelo cultural se habla de un ser trascendente, creador y supervisor. Unos intentan llegar a ese Dios por la razón y otros por la fe. Los primeros parece que fracasan, puesto que a lo más que podrían llegar es a un Superman. Y los segundos a ningún sitio, ya que o no salen de sí mismos o acaban en un vacío emotivo. Por otro lado, es difícil hablar de Dios olvidando al Diablo, su otra cara. Tan difícil como referirse al bien sin tener en cuenta al mal.

Podríamos seguir hablando de esa luz y oscuridad que no necesita existir para que se le invoque. Cada uno que lo contemple como quiera. Con la condición de que no lo imponga dogmáticamente y que se ocupe de la tierra antes de mirar al cielo.

DIOS BIS

El problema con Dios es que no se sabe nunca de qué se habla. Por mucho que se afine en busca de algún significado para designarle nos encontramos con un montón de imágenes y nada más. No en vano se ha dicho con ironía que es el único ser que para existir no necesita existir. O que los únicos que creyeron en Dios fueron los primitivos que adoraban al sol. Y es que les daba luz, calor y energía. Una ficticia construcción rellena de emoción parece que acompañara siempre a unos humanos. Estos se preguntarán por su origen y destino sin obtener respuesta alguna. Por mi parte y aceptando que de lo desconocido lo más honrado es el silencio, mi imagen para andar por casa poéticamente es la siguiente: un foco del que emanan muchas luces. Parecido a los Sefirot de la cábala judía. Y, al mismo tiempo, dicho con atrevida resinación, el signo de algo que sería necesario, pero que es imposible. Quedémonos en la tierra e intentemos mejorarla.

RIVALES Y ENEMIGOS

Se suele entender por rival una persona que disputa con otro alguna cosa, tomando por cosas tanto cualquier objeto del mundo como cualquier persona. Distinta es la enemistad. El enemigo se centra en la persona en cuanto tal. Juan, por ejemplo, odia a Pedro por las manías de este o por envidia o porque le produce un rechazo inexplicable.

La rivalidad muchas veces se convierte en enemistad. En el deporte, piénsese en el fútbol, la rivalidad pasa en ocasiones a una fuerte enemistad. Lo que era lucha, incluso con elegancia, se trasforma en odio al otro que defienda una política distinta o unas costumbres que se consideran nefastas. Y emblemático y desgraciado es lo que ocurre en las guerras. Lo que sería pura rivalidad se muda en odio intenso entre humanos y hasta hermanos.

Conviene distinguir a los rivales de los enemigos en este enfrentamiento entre dos actitudes distintas con sus correspondientes y encendidos sentimientos.

Hay quien dice que no tiene rivales, pero sí enemigos. Y lo dice en el campo minado del amor. Lo dice porque tiene la valentía de no caer en el demonio de los celos. Pero si el hipotético conflicto adquiere malas artes y juego sucio se coloca la enemistad por encima de la rivalidad. Y en esa peste que es la guerra, la inteligencia debería remover todo rastro de enemistad. Se trataría de un mundo en paz. Solo con rivalidades como, por ejemplo, el ajedrez.

LA LEVEDAD DE LA CESACIÓN

La cesación o muerte es el conocimiento de los humanos de ese implacable hecho. La muerte captada por la conciencia catapultada por el lenguaje es nuestra sombra, nuestra compañera desde que nacemos y nuestra preocupación más honda. Y es que nosotros estamos encajonados entre dos nadas, sometidos a un tiempo que todo lo tritura y que nos recuerda sin piedad la cesación o muerte.

Conviene distinguir entre morirse y morir. El morirse tiene lugar en la vida. La muerte es el final de esta.

El morirse, con más salud o más dolor lo padece cualquiera. En la muerte se silencian los genes y el cerebro no funciona. Y lo que sigue es la desaparición del cuerpo.

Es curiosa la paradoja que se da en la confrontación en nuestra vida al referirse a la muerte de otros. Podemos decir, por ejemplo, que es una pena que no le hayamos visto unos días antes de que se fuera al que se va de este mundo. Como si de algo intrascendente se tratara. Una autentica trivialidad. O cuando se dice que han muerto dos o tres personas en un accidente. Como si esa tercera persona no importara.

Es esta una de las muchas paradojas de la muerte. O mejor, de la vida. Todo tan leve y tan grave. Todo tan trágico y tan cómico.

PACIENCIA

La paciencia consiste en esperar que se cumpla un deseo a pesar de los obstáculos que se pongan por medio. El paciente sufre ahora y no se desanima, pensando que al final obtendrá el objeto de su deseo. Para los griegos la paciencia era una virtud, un momento en el camino de la felicidad. Lo hebreos nos han entregado el libro de Job como modelo de paciencia. Y los cristianos con esa mezcla de culturas nos dirán que se trata, eso sí, de una virtud, pero regalada por el Espíritu Santo.

El impaciente desespera, sufre lo indecible en ese espacio que medía entre el presente y el futuro que anhela. No en vano se ha dicho (y hemos repetido en estas páginas) que quien te quiere no te hace esperar. Incluso se ha utilizado como contraprueba de la existencia de un Dios bueno. Si te quiere no tendría que demorar tanto el premio.

Lo dicho remite a la estructura más profunda de los humanos. Somos seres que, al revés que los animales, no dependemos de lo inmediato sino que estamos proyectados al futuro. Nuestra esencia es la temporalidad. Y nuestra voluntad se pone en juego con la espera.

Los impacientes suelen ser molestos. Los que hacen esperar son unos pesados. Y no parece que les interesemos mucho los demás. La impuntualidad es hija de una desestructurada indolencia.

VIDAS ABSURDAS

Con la razón damos razones. Nos las damos a nosotros y a los demás, ampliamos nuestro conocimiento por medio de un recorrido que pasa de una idea a otra. Pensamos por razones y nos las damos a nosotros mismos y a los demás en un determinado recorrido, no en un golpe a modo de dioses. Si eso es así conviene aprender a razonar desde la infancia y de forma proporcionada. Alguna lección de lógica o de cómo argumentar serían bienvenidas. Y un adecuado ejercicio, un movimiento mental que nos aleje de la inercia. De esta manera escucharíamos a los otros, nos mantendríamos en guardia por medio de la autocrítica y permaneceríamos incrédulos ante las mentiras políticas o de las iglesias. No quiere esto decir que anulemos esa sombra de irracional que nos es constitutiva. Porque el racional puede saber que actúa irracionalmente, pero el irracional es incapaz de ser racional. Ahí aparece la imbecilidad. Y el imbécil responsable de su idiotez se convierte en un peligro, un azote de la convivencia. La razón no nos protege sin más de los traspiés que nos lleven a un necio misticismo. Bien es verdad que existe un misticismo natural que no huye del mundo. Pero en nuestra cultura abunda una mística pobre, con no menos pobre magia y desgastados mitos. Finalmente habría que señalar el extraño caso de aquellas personas que aparentemente entregan sus vidas a auténticos absurdos, carentes de atisbos de una elemental ciencia y que producen vergüenza ajena a una sensata razón. Abunda esta difícilmente comprensible actitud en las religiones. Otro misterio de los humanos.

CIENCIAS Y LETRAS

Suele distinguirse lo científico por serio y productivo frente a la consideración de las humanidades como más ligeras. Cuando se psicologiza esta supuesta diferencia se habla de personas atentas a los hechos frente a otras soñadoras, con alma artística o peligrosos visionarios. Y cuando la diferencia se institucionaliza se divide la enseñanza entre ciencias, sin más, y letras, sin más.

Eso es un error. Porque todo tendría que partir de un tronco, el del conocimiento, en el que se cimienta todo el saber. Después vendrán las ramas que componen el árbol entero. De ahí que un científico llamado empírico esté solo en alguna rama, sea un inculto y no sepa cuáles son los fundamentos de su actividad científica. Y quien se dedique de manera bizca y sin estudiar las ciencias naturales se convierta en un superficial y sometido a todas las vaguedades y trampas del lenguaje. El primero es alguien que sabe pero no sabe que sabe, luego es un ignorante. El segundo es alguien que por mucho que hable y cuente anécdotas ni sabe lo que sabe, luego es ignorante.

Habría que cambiar radicalmente la enseñanza desde la infancia y, previas lecciones de lógica elemental, introducirnos a todos en el árbol de la ciencia. Y no dimitir del ideal de una ciencia unificada. La necesitamos hoy más que nunca.

LA VEJEZ

La vejez o ancianidad es el resultado de un fenómeno natural inevitable. Es cierto que los humanos en general hemos aumentado nuestra longevidad. Se ha añadido el número de años que estamos vivos con una aceptable calidad de vida. Y los estudios y logros en las investigaciones que intentan prolongar nuestra existencia no cesan. Más aún, se está convirtiendo en uno de los temas estrella de la ciencia. Pero este hecho, espoleado por nuestras ansias de inmortalidad, la tecnología, la publicidad y el negocio del dinero tienen un marcado límite. Por mucho que intentemos ser como Matusalén no lo lograremos. Estamos programados biológicamente para estar un determinado número de años. Visto gráficamente describimos un semicírculo.

Comenzamos en el nacimiento y si no se da accidente alguno que nos lleve a la cesación o muerte llegamos al cenit para luego descender y desaparecer. En ese descenso perdemos energía, el organismo se deteriora, aumentan los achaques y nos movemos en medio de molestias y dolores. Nos hacemos más y más dependientes y nos angustia la cercanía y el horizonte de la cesación.

Siendo esto así, no es extraño que un personaje sabio de una obra del ilustrado Diderot dijera que la única enfermedad incurable es la vejez. O que habitualmente se contrapongan juventud y vejez como el gozo y el dolor.

Por otro lado ha llegado a decirse que la vejez es el mejor momento de la vida, puesto que hemos acumulado experiencia, no nos perturban las pasiones, contemplamos con tranquilidad la vida y podemos regodearnos con nuestros descendientes.

Tal vez lo mejor sea ser realistas y no negar los males de la vejez. Y al mismo tiempo no dejar de lado la ilusión y aprovechar algunos de sus bienes.

FILOSOFÍA Y FILOSOFAR

La filosofía es académica, el filosofar es mundano. La filosofía la enseñan, generalmente pagados por el Estado, los profesores. Son unos profesionales que, en principio, dan sus clases para trasmitir el legado de una supuesta sabiduría cuyo origen está en los griegos. De esta manera se repite lo que se dijo, se comenta con mayor o menor acierto lo recibido y todo acaba en unos escolares exámenes. La sabiduría en cuestión recorrería las preguntas que van desde de dónde venimos hasta a dónde vamos.

El filosofar mundano lo realizamos todos más o menos conscientemente. Todas las personas, dentro de un nivel elemental de autoconocimiento, se preguntan por el sentido de la vida, la muerte, el más allá y cosas similares.

Los peligros de la filosofía son la palabra vacía, el poco estímulo para que el alumno interiorice lo aprendido y un desfase con las exigencias de la sociedad. Los peligros del filosofar son las confusiones de dar vueltas sobre uno mismo o en la trivialidad.

Habría que fusionar filosofía y filosofar. Habría que ejercitar la mente desde la infancia y tener unos maestros que gocen con lo que saben y que sepan trasmitirlo. Para eso sería necesario que la filosofía esté al tanto de las ciencias. Y que aterrice en la calle, en la vida cotidiana. Y una filosofía especial en los turbulentos días que vivimos tendría que unir la actividad de clarificar nuestro lenguaje con sus significados y el compromiso sociopolítico que ha de tener todo ciudadano.

EL PLACER Y EL DOLOR

El dolor es un límite que nos ha impuesto la naturaleza y dentro del cual se mueven nuestras acciones. El placer nos lleva a la acción. El dolor nos impone la contención. Por el placer nos nutrimos o reproducimos. Por el dolor, que actúa como un semáforo natural, retiramos la mano del fuego. Se discute si existe una franja en la que no hay ni placeres ni dolores y que sería una zona tranquila y sin convulsiones. Es lo que parece que pensaron los epicúreos y parece que piensan los budistas. Por otro lado, hay diversas maneras de distinguir el dolor del sufrimiento. El primero sería fundamentalmente fisiológico. El segundo fundamentalmente psicológico. La distinción, tal vez útil, es peligrosa. Y es que podría llevarnos a la más que dudosa conclusión de que los niños o los animales no sufren.

Como partes de la naturaleza, en cualquiera de sus formas y por difícil que sea medirlo dada su subjetividad, nos acompaña siempre. Pero unos son evitables y otros no. Es inevitable la limitación orgánica que nos impone una enfermedad. Es evitable la agonía que podría eliminarse con una apropiada eutanasia.

Quienes se recrean en el dolor inútil son unos indignos. Y si les sirven para su causa, como es el caso de la religión que se la guarden.

Es obvio que podemos aprender de los dolores y no caer en situaciones que repitan los errores anteriores. Como siempre son de recibo las técnicas que nos relajen y nos faciliten sobrellevar los males que nos ataquen.

Respecto a si el dolor es creativo hay que decir sí y no. Una vez que lo tengamos, aprovechémoslo. Pero no digamos falazmente que el dolor es un trampolín para el bien. El dolor es malo y punto.

Y la medicina y la ética son el mejor antídoto contra el dolor. La medicina luchando para aliviar el cuerpo. La ética proponiendo una vida buena que nos acerque a esa felicidad al alcance de los humanos.

HONESTIDAD INTELECTUAL

La honestidad es un concepto de difícil definición puesto que parece englobar otros significados. De ahí que se le pueda considerar un superconcepto con contornos difusos. Se ha dicho que es un heredero tardío del honor, una forma de sinceridad, un *fair play* o una actitud elegante, un modo de ser alejado de la vanidad y otra serie de características similares.

El filósofo E. Tugendhat describe la honestidad como la capacidad de atender a las razones de los otros, la autocrítica respecto a los errores propios y no forzar en la comunicación la vanidad o un necio egocentrismo.

Pienso que es una acertada manera de referirse a lo honesto. Nos podemos preguntar si es una virtud y tal vez la respuesta correcta sería que se nutre de otras virtudes. En cualquier caso es digna de valorarse como propia de una conducta básicamente ética.

¿En qué consistiría en concreto el añadido de «intelectual»? En que hace referencia a buen razonamiento. Y es bueno porque no se razona contra los otros, sino con los otros. Y se aceptan las conclusiones de lo razonado porque se han obtenido en común. No se rechaza inmediatamente lo que dicen los demás, sino que se les habla dejándoles un espacio para que reflexionen y todos salgamos ganando.

Un teólogo protestante víctima de los nazis escribió un libro sobre la honestidad que habría que tener con Dios. El libro tuvo éxito. Los que piensan que Dios está de sobra y opinan que hay que respetar al resto de los humanos y que la reflexión o razonamiento es patrimonio de todos, no recurrirán a divinidad alguna.

En este país, desgraciadamente, lo que abunda es la envidia pseudointelectual y el odio a la excelencia. No se discute, se grita, no se da alas a la meditada reflexión y todo queda emotivamente embotado. El emotivismo, teoría moral que había sido expulsada por la capacidad que tenemos los humanos de dar razones, está de moda. Así el poder en general y el político en particular se frotan las manos. Es la mejor forma de dominio sobre la gente.

Esperemos que la batalla no esté perdida. Actuemos razonando y razonemos actuando.

LA AMISTAD

La amistad ha sido un tema recurrente en nuestra civilización y está inserta en nuestras conversaciones, refranes, aforismos y dichos populares. Se la toma como un valor incuestionable pero se señala que no es fácil tener auténticos amigos.

El problema es qué entendemos por auténticos amigos y en qué se diferencia del amor. Y nos podemos preguntar de qué tipo de virtud se trata.

Parece que el distintivo por excelencia del amigo es que siempre se puede recurrir a él. No solo se goza con su presencia o se puede pensar en voz alta delante de él sino que sigue estando con nosotros aunque esté ausente. Sabemos que podemos recurrir a él, se encuentre donde se encuentre. En algún sentido es un gemelo, un desdoblamiento de uno mismo.

Respecto al amor hay que reconocer que la amistad es otra cosa. En el amor todo está en una persona y los afectos tienen un tono muy especial y con peculiar deseo de posesión. No es así la amistad. Son posibles otros amigos y los afectos no tienen la misma intensidad.

Nos podemos preguntar qué tipo de virtud es la amistad. Aristóteles, después de dedicar al tema buena parte de su *Ética* y decir que la amistad es lo más importante en la vida, nos dejó en la oscuridad en este punto. Pero nos basta con añadir que es uno de los bienes mayores en la vida. Y nos podemos preguntar si es posible eso que tanto importa, dentro de un capitalismo agresivo, que rompe todo tipo de relaciones dejando a los individuos cerca del dinero y lejos del resto de los demás mortales. La respuesta solo puede ser la que haciéndonos resistentes nos incita a gritar: ¡Viva la amistad!

EMOTIVISMO

El emotivismo es una teoría moral según la cual nuestros juicios sobre lo bueno o los deberes se fundamentan en las emociones. Aunque ha tenido una vida efímera y en buena parte fue consecuencia de un positivismo lógico, que rechazaba todo lo que no fuera claramente científico, un foco de su doctrina continua latente. Y es que siempre será un problema cuál es la última razón de nuestra vida ética. Los creyentes religiosos, por ejemplo, lo tienen fácil. Para ellos algo es bueno porque Dios lo manda. Pero en una sociedad laica que se basta a sí misma, está de sobra dicha fundamentación. Por eso las teorías morales actuales más respetables son el principalismo y el utilitarismo. Ambas se justifican por las razones que podemos ofrecer los humanos para convivir.

En nuestros días parece que el emotivismo se filtra en nuestra sociedad y especialmente entre los jóvenes. Una política decaída y un dinero que todo lo mueve están haciendo que se viva a golpe de emociones. La razón desaparece y toman el relevo los embaucadores. Se venden verdades, se promete felicidad, la propaganda todo lo domina y la pura emoción se convierte en el receptáculo de lo que quiera el poder.

Es este, hoy, uno de los mayores problemas. Y es una responsabilidad de todos combatirlo con todas nuestras armas. Y esas armas son las de la razón.

LA NAVIDAD

La Navidad es una fiesta confusa. Confuso es su origen, puesto que se discute si es anterior a las celebraciones que veneraban a Mitra, el dios Sol, o porque los cristianos colocaron a Jesús de modo oportunista. Tampoco se sabe con exactitud la fecha de su nacimiento. No todas las iglesias cristianas la celebran y algunas, sobre todo las protestantes, la rechazan. El puritanismo la ha visto y la ve como un ataque al espíritu cristiano. Se vive de forma bien distinta según los países y, en suma, para unos es el gran acontecimiento de Dios en Nazaret, que no en Belén, mientras que otros piensan, no sin razón, que se ha convertido en derroche, capitalismo popular o comidas y cenas vacías de todo contenido original.

Parece claro, en cualquier caso, que es ocasión para reunirse en familia y que como en el *Cuento de Navidad* de Dickens sobresale la calidez entre los cercanos, que con excelsa música o con los villanos villancicos, damos un vuelco arbitrario para seguir viviendo.

Algo es claro. Que es consumo revestido de mito y magia. Que es una mezcla de vieja religión y paganismo puro. Y que no sabemos cómo sentirnos en estas fiestas. Porque por un lado la nostalgia nos lleva al calor de hogar y por otro, a huir de la farsa de reunirnos con tantos cuñados. Al final, la confusión.

PARIENTES DE LOS GRIEGOS

Estamos acostumbrados a pensar que con ellos comienza nuestra civilización. Pero ya hace tiempo que Jaspers entre otros, se refirió al Tiempo Eje de hace unos setecientos años a. C. De forma casi repentina y como si una especie de cámbrico cultural naciera, aparecen los primeros sabios griegos. En Israel los profetas, en la India los vedas, en China el taoísmo. Poco más se dice.

En nuestros días se está dando un paso más intentando mostrar qué existe debajo de todos estos revolucionarios movimientos. Y eso nos lleva a tener una visión más profunda de lo indoeuropeo. Somos parientes desde Persia o China hasta Islandia, pasando por el sánscrito o el latín.

Y eso nos debería llevar a conocer mucho más las lenguas indoeuropeas. Daríamos un gran paso cultural. Lo indoeuropeo es el manto que nos cubre. Exceptuando el euskera, claro.

UTOPÍA

La utopía, ensalzada o vilipendiada, consistiría para unos en un salto irracional que no generaría sino fatalidades. Es lo que recibe el nombre de distopía. La utopía por el contrario, lo que busca, sin dimitir en modo alguno de la razón, es avanzar hacia un mundo de justicia que acabe con los males del presente.

Esta última idea de utopía no pretende avanzar en lo imposible sino que se encuentra dentro las posibilidades que son constitutivas de los humanos. Sabe que el objetivo es difícil, pero orienta el pensamiento y la acción hacia unos fines por todos compartidos en los que no haya amos ni esclavos. Por eso más que traducir utopía como «no lugar» y, cuyo significado provendría de Bacon, habría que considerarla un «buen lugar».

La utopía, así es la punta de lanza de la ética porque esta intenta pasar de lo que es a lo que debería ser. Lo que nunca tendrá que hacer es matar o utilizar medios semejantes para lograr su objetivo. De esta manera destruirá su esencia, usará malos medios y corromperá los fines.

Una persona sin sensata utopía languidece. Y una sociedad que la desconoce muere lentamente de tristeza y de infelicidad.

POLÍTICA

El gobierno español y el poder judicial están enzarzados, se disputan la razón y amenazan con un terrible choque que daría al traste el equilibrio social. Los que no somos juristas, ni pertenecemos a los clanes que, de una u otra manera, viven del pastel político, solo tenemos que decir que dejen de darnos la tabarra.

Solo que, como ciudadano que habita en esta parte del mundo se me ocurren dos comentarios sobre esta especie de sainete. Uno es externo, propio del que no participa del entramado formal que es fruto de una pésima transición. El otro es interno y se trata de lo que diría del entramado en cuestión.

En relación a la visión externa me rechinan expresiones como «sede de la soberanía popular» o «Estado de derecho» y otras semejantes. Creo que son palabras vacías y que ofenden a quien aspire a una democracia auténticamente real. Todo se mueve dentro de una Constitución hecha a la fuerza y que ha permitido vivir a la dictadura por medio del neofranquismo actual. Por lo tanto algunos tenemos los oídos sordos o nos molesta el ruido.

Si pasamos al segundo aspecto interno nos llama la atención las descaradas incoherencias. Se habla de jueces conservadores y progresistas, que es una clara eliminación de la justicia. Se reponen unos jueces de un partido político por otro, con lo que todo lo dirime un legislativo medio dictatorial. Y lo que es el colmo es que luchen unos contra aquellos que han sido puestos por los mismos. Esto no es un juego de ajedrez. Es un juego de parchís como el de mi tío Masi.

Y en medio un barullo de tópicos, lugares comunes, mantras, eslóganes y repetición de las mismas consignas no hay ningún grano de autocrítica.

Estoy seguro que la voz del listillo se elevará. La del realista acusará de no tener los pies en la tierra, y otros hablarán de la necesidad de mancharse las manos. Eso sí, desde un buen puesto y envueltos en la bandera de lo que llaman socialdemocracia sin saber lo que significa.

De momento solo decir que la utopía sigue viva y que continuaremos buscando en la sociedad unos mimbres que posibiliten una democracia que sea digna de ese nombre. Lo otro es dar alas a un nubarrón que amenaza por Europa. Rosa Luxemburgo, ¡despiértanos!

PEQUEÑOS MONOTEÍSMOS

El monoteísmo es una creencia religiosa según la cual existe un solo y único Dios. El politeísmo reconoce a varios dioses y el ateísmo a ninguno.

El monoteísmo insiste en la unicidad de su Dios y es que su etimología es eso. Es lo que sucede con los monasterios o lugares donde los monjes, en el desierto de Nubia, oraban solos con el Solo. El nombre de Mónica, por cierto, proviene de la etimología de *monos*, de estar solo.

En días como los actuales en donde la incultura todo lo invade habría que decir con Nietzsche que el desierto avanza, recordar con Schopenhauer que el monoteísmo huele a desierto. Y por sus rendijas se cuelan espiritualismos, quiromancias, magias, psicologismos y todo tipo de brujos.

Los fantasmas, vestidos de ciudadanos, nos envuelven.

Y lo que importa es lo que diga el jefe, mientras el rebaño obedece. Son los nuevos e intransigentes rebaños los que ocupan todo el espacio social. Es lo que sucede cuando la gente no habla de las cosas y se atraganta en una conciencia que no sabe salir de sí misma.

ME FASCINAN LOS PUEBLOS CON MISTERIO, COMO EL VASCO O EL HEBREO

Me gustan las personas con misterio que siempre revelan solo una parte y muestran siempre que hay detrás algo oculto que sugiere, que moviliza. El universo tiene misterio y darse cuenta de ello es un rasgo estético.

Algunas características de estos pueblos son las siguientes: una cohesión fuerte de la comunidad, una visión de futuro al que se orientan las acciones, un deseo de permanecer, unas leguas que se apartan de las mayoritarias y, si se me permite, un alto nivel de inteligencia media. Y siempre recubriendo todo la idea del misterio. El misterio es la otra cara de la inteligencia. Lo peor de un idiota, por cierto, a aparte de que te hace perder el tiempo, es que carece de misterio. De ahí que pueda ser malo.

GRUPO Y ESTRUCTURA

Es difícil lo que se ha dicho, especialmente desde la sociología, sobre lo que es un grupo. Consistiría en un subsistema, dentro del completo sistema social en el que nos movemos los humanos. Se suelen establecer sus límites e incluso tenemos diversas formulaciones lógicas que nos muestran en abstracto lo que sucede en ese concreto territorio.

Pero lo que se destaca por parte de las disciplinas que lo estudian, es su identidad. El grupo une a sus miembros, se opone a los disidentes y, cosa importante, se refuerza y define contra otros grupos reales o posibles.

Me gustaría destacar, sin embargo, una característica esencial que se olvida en lo que son los análisis antes vistos. Es lo que podríamos llamar la «Torre Eiffel grupal». Dicha torre no se sustenta tanto en el suelo como en los contrapesos de su arquitectura. Son los laterales los que la soportan y no la tierra. Es lo que sucede en el grupo. En una pequeña iglesia, por ejemplo, lo que importa es el apoyo y afecto común, sus ritos o diversiones y todo lo que trasversalmente les une. La tierra firme de las creencias y sus supuestas verdades desaparecen. Solo queda una estructura que habita en el aire.

Un apunte más sobre esta estructura. No es tanto que afirme su identidad contra los otros sino que los otros desaparecen. Volviendo a la pequeña o gran iglesia del ejemplo, los que no poseen tales creencias son como una nebulosa casi inexistente. El mundo entero es de la iglesia.

Los que tememos a la masa inerte y lo implacable que acostumbra a ser el grupo masificado con los disidentes, queremos reivindicar a los disidentes. Ellos, en su incredulidad ante la falta de razones de los que mandan, suelen tener razón. Y la historia también se la dará.

SEXO

Se acostumbra a distinguir entre sexo y sexualidad. El sexo serían las condiciones orgánicas de los humanos, que por medio del placer nos llevan a la reproducción. La sexualidad consistiría en todos aquellos conocimientos y técnicas nos enseñan a usar el sexo.

Pronto se diferenció la mera reproducción del simple placer. Ha costado acostumbrarse a separar los dos aspectos porque la ignorancia y las religiones no daban por buena la separación. En concreto la cultura cristiana y especialmente la católica se opuso a la separación en cuestión. Con su idea de pecado, el sexo se convirtió en un tabú y el puro o impuro sexo en depravación.

Los antropólogos tendrían que hacer muchas matizaciones a lo dicho, pero valga lo constatado como uno de los laberintos por los que han discurrido tanto el sexo como la sexualidad.

Dos anotaciones suplementarias. La primera que sería de agradecer que una sensata pedagogía fuera enseñando desde la infancia qué es, fisiológicamente, el sexo. Que cada uno después guíe su sexualidad. La segunda, que el sentido común y el equilibrio ni divinizaran ni maldijeran el sexo. Como escribió Foucault, el sexo es aburrido. No le faltaba razón.

PROTESTAR, REBELARSE, REVOLUCIÓN

La gente suele protestar por algo muy concreto. Porque han subido mucho los precios de productos básicos, porque no les llega el sueldo para vivir decentemente o porque no hay viviendas dignas en las que se pueda habitar. Se trata de protestas espontaneas, de defensa de bienes materiales, de reivindicaciones muy circunstanciales. Son fruto del hartazgo, de no poder tolerar más una situación que anula algún aspecto decisivo de la existencia. Tales protestas si no son minoritarias y son valientes, se amplían y como una mancha de aceite contagian a buena parte de la sociedad.

La rebelión es un paso más y nace de una conciencia que aúna cierto conocimiento de una situación injusta con una voluntad firme de luchar. Aunque no lo haga de forma articulada, muestra ya el deseo de un cambio que no se limite a algo parcial. En este caso, existe un ideario quizás no muy claro y la capacidad de resistir al poder, incluso si la gente se expone, quien así se manifiesta, a perder la vida.

La revolución busca un cambio global, se apoya en una doctrina conocida que surge con fuerza y cuenta con unos líderes que encauzan a las masas. Busca un cambio histórico aunque, como una especie de maldición del eterno retorno, vuelva a repetir los mismos errores que decían combatir.

Las protestas son la cara de los oprimidos más sinceros y deberían contar con el apoyo y simpatía del resto de la sociedad. La rebelión es todavía la verdad oculta de un ideal, la utopía no degenerada. La revolución que solo se mira a sí misma corre el riesgo de repetir lo que nunca debió ocurrir.

COMPLICIDAD

Si algo es nefasto en la vida social, si algo es vulgar, mediocre, imbécil e inmoral es la complicidad. El poder, con su inmensa capacidad de entontecer, debilitar a las personas e instaurar la dictadura de la nadería, se apoya y nutre de los cómplices. El cómplice es quién vota al que oprime, el que calla en público y cuchichea en privado. El cómplice es quien dice ignorar lo que sucede, quien no se entera, el que se somete voluntariamente, el que, como diría Camus, asesina con su banal estupidez. Se le suele notar en la cara lo que es signo de que vegeta en la complicidad. El cómplice es quien dice que no sabe nada del verdugo, y es tan vacío que solo conoce la vaciedad. Y lo hace porque le da la gana y eleva su estupidez por encima de cualquier cosa. Es peor que lo peor del poder. Es la religión de la masa que no merece ni un grano de comprensión. A los cómplices hay que denunciarlos y despreciarlos. Y huir todo lo que se pueda de ellos.

A ENEMIGO QUE HUYE, PUENTE DE PLATA

El refranero español abunda en refranes llenos de un ácido sentido común. Uno de ellos nos indica que cuando un enemigo pone los pies en polvorosa, lo mejor es ayudarle a que sean más veloces sus pies. Que es tanto como afirmar que no hay que entretenerle en la huida.

Parece que es un buen consejo, pero hay al menos dos razones que suelen frustrar ese buen deseo. Uno es el ansia de venganza y de ira. Queremos machacarle, aún más, destrozarle del todo. Es lo que hizo Napoleón en el frente ruso cuando el enemigo en su huida tenía que cruzar un lago helado. Mandó que cañonearan el lago para que se ahogaran aquellos supervivientes a los que quería aniquilar. Es la no infrecuente crueldad humana revestida de venganza. Por otro lado, no tenemos tan claro que deseemos que el enemigo se aleje del todo. Piénsese lo que sucede tantas veces. Y es que ahí aparece lo que los filósofos escolásticos llamaban veleidad. Es la paradoja del querer y no querer al mismo tiempo. Curémonos de la venganza y la veleidad.

HUMOR

No es extraño oír que el humor es pariente de la inteligencia o que la evolución ha mantenido el humor porque es fundamental para la supervivencia.

Hay, si se quiere especificarlo, muchas formas de humor. Así, y por citar algunas, el chiste, la ironía, el que despierta deseos dormidos, el que se basa en los juegos que hacemos con los significados del lenguaje o el que se basa en los gestos o expresiones cómicas. Existen, no menos, distintas reacciones al humor. Es el caso de la risa, de la sonrisa o la carcajada. Esta última a algunos les produce vergüenza ajena y para Platón y Aristóteles se trata de

mera vulgaridad. Y existen personas con gracia, buenos imitadores y con un don especial en la palabra.

Todos o casi todos coincidimos en que los sosos, mustios o peñazos son insoportables. O, el que no sabe reír o contar un chiste es un raro con alguna deficiencia.

Pero más extraño es relacionar el humor con la ética. Escribía un filósofo, hoy desconocido, que no hay ética sin humor. Creo que tenía razón. Porque una persona sin humor no es móvil, no tiene poros, no vibra con los demás. Le falta, en suma, solidaridad. Defendámonos de tales individuos.

HUMOR (BIS)

Hay personas que son insoportables. Ni ríen ni sonríen, son como esfinges, no abren la boca, no celebran un chiste, no lo cuentan nunca, no entienden la ironía o el doble sentido de una frase. Si se sale a cenar con ellas, uno espera que pedir la cuenta les salve de la tortura. De tales personas se afirma, y no como halago, que carecen de humor. El humor se ha estudiado desde antiguo empezando por la medicina. Y a lo largo de la historia se le ha investigado desde distintas perspectivas. Por ejemplo, hay personas con incapacidad para reír, saber que las palabras son polisémicas, ignoran el sentido de la sátira y confunden la comedia con la tragedia. Por mi parte señalaré lo siguiente: al ser el humor pariente de la inteligencia, quien no lo tiene tampoco disfrutará de otro allegado de la inteligencia, la ética. Ya escribió M. Schlick, no hay ética sin humor. Además, sin humor no hay vida, se es un ser robótico, sin movimiento, parecido a una bola de billar. No en vano escribió H. Bergson que el humor es la venganza de la vida contra lo mecánico. Una sociedad es inerte y se va muriendo cuando desaparece el humor. Creo que es lo que está pasando en nuestros días, es un buen termómetro para saber que o nos trasformamos o perecemos.

DÍA DE TODOS LOS SANTOS

Antecede en el calendario al Día de los Fieles Difuntos. Hay causas históricas y doctrinales que los distinguen. Las históricas son confusas, aunque el antropólogo Frazer sostiene que la vieja Europa está detrás de todo ello. Pero importan más hoy las doctrinales. Porque la Iglesia católica venera a los que de esta vida pasaron a otra mejor. Los que a ninguna religión pertenecen y los laicos aprovechan las vacaciones para disfrutar y recuerdan a los que murieron, creyentes o no. Y a quienes nos han dado más vida en este mundo mucho más.

EN EL FONDO Y EN LA FORMA

No es difícil encontrarse con personas que afirman con cierto aire de superioridad, que en el fondo son anarquistas. Se les podría contestar inmediatamente que nos interesa poco su fondo mientras que sí nos interesa esa superficie en la que lo decisivo son los hechos. O que están cometiendo una escurridiza falacia puesto que se usan palabras con doble significado. Y es que lo interno del sujeto quiere que se entienda también como algo externo y que valdría para todos.

Este uso de un lenguaje que quiere remitir a la inaccesible conciencia del sujeto y al uso externo que da significado a las palabras ya ha sido criticado por no pocos como Platón. Y se da con una frecuencia tan grande como deseos de justificación y de autoengaño hay en mucha gente.

Los ejemplos podrían multiplicarse. Por poner un caso: aunque no soy del Gobierno que hay, le apoyo. O aunque soy malo creo que soy bueno. Incluso se puede decir que aunque me acuesto con la vecina yo me considero casto. Este tipo de laxismo pervierte todo. Todo medio es bueno con el fin de salvarse a uno mismo. Y como en cualquier individuo siempre hay algo bueno y algo malo lo distribuyo yo. Lo bueno y malo a mi antojo.

Se podría concluir que todo remite a un burdo utilitarismo que anula unos principios firmes. Aunque en el fondo y en la forma se trata de simple hipocresía ayudada por la ignorancia de no saber razonar.

NACIONALCATOLICISMO Y LAICISMO

El nacionalcatolicismo, bien estudiado por Álvarez Bolado, se puede entender en dos sentidos que a veces se entrelazan. En uno, el Estado toma como una característica que lo define, una determinada religión. Es el caso del franquismo, España no se comprendería sin el catolicismo. Entendido este en su sentido más reaccionario. En el otro, se utiliza la religión, más enraizada popularmente, para apuntalar al Estado. Es el caso de la Action Francaise en Francia. Su líder, Maurras, era agnóstico. Es el lema de que todo viene bien para defender al Estado.

Los nacidos en la posguerra hemos tenido que soportar ambas imposiciones. Imposiciones que, al mismo tiempo, generaban un nacionalismo perverso. Porque una divinizada nación era la base del Estado en cuestión.

Frente a esta destrucción de los individuos, de los ciudadanos y de los pueblos se tiene que levantar un pensamiento y una acción laica. Porque el laicismo separa tajantemente lo político de toda religión. Porque considera que no deben aceptarse supuestas verdades absolutas que se imponen por la fuerza. Porque contra una emoción, una fe o una iglesia hay que colocar una sana racionalidad. La superchería se denuncia. Y a sus sacerdotes se les combate.

OBEDIENCIA

Para Proudhon era fruto de la ignorancia. Para Nietzsche algo miserable. Para La Boétie penosa sumisión. Podríamos ampliar la lista, pero sirva como indicio que a un pensamiento exigente la obediencia le parece intolerable.

Su etimología varía. El latín se limita a sugerir que se trata de escuchar. En griego, uno de los padres del latín, volvemos a encontrar la referencia a la escucha. En hebreo se mantiene la idea de escuchar. Es el pueblo de Israel quien tiene que escuchar a Yahvé, según le dicta la Biblia.

Las definiciones habituales, sin embargo, señalan un mandato que ha de cumplirse. Es así como, por ejemplo, se inculca en las órdenes o en los estamentos militares. Y, sobre todo, en una pedagogía cerrada en donde al niño habría que enderezarlo.

Por mi parte, y desde una postura ética, habría que decir que la obediencia por la obediencia es cerril, pozo de ignorancia y negación de la moral. Por no hablar de la llamada obediencia debida, un absurdo que bien lo puso de manifiesto Hanna Arendt.

Es obvio que hay que cumplir reglas elementales de convivencia, como sería respetar un semáforo o no conducir en España por la izquierda. O aceptar aquellas normas que, libremente, nos hayamos dado unos a otros, con la condición de que sean justas.

Por lo demás deberíamos alejar la ciega obediencia de nuestra vida. Es una autonegación, trae consigo una boba credulidad y lamina la voluntad. Por eso una ética fuerte hoy debe tener como uno de sus principios la desobediencia.

RACIONAL E IRRACIONAL

La razón es la punta de nuestro cerebro, la capacidad que nos diferencia, que nos distingue en el gran árbol de la evolución. Con la razón hemos construido las ciudades, las instituciones, la convivencia y, cómo no, la ciencia. Por no hablar del fruto más alto, que es el lenguaje. Aunque por medio de ella generamos guerras, crueldad y todo el conjunto de maldades que los humanos hemos hecho y hacemos para sobrevivir dentro de una inmisericorde naturaleza.

Pero la razón se encuentra agitada por un fuerte mar de fondo, ya que las esquivas y potentes emociones la modulan. La razón no vive en un incontaminado aire, sino que se parece a un mar de cara serena, pero con un fondo en movimiento. Sería deseable que la educación pudiera armonizar las exigencias de la razón con la intratable emoción.

Dos observaciones en este sentido. La primera consistiría en enseñar a hablar y escuchar desde la infancia. Así se aprendería a argumentar. Es lamentable que se discuta golpeando en la cabeza del otro, que no se sea mínimamente autocrítico, que se quiera tener razón siempre. De esta manera nos rebajamos en humanidad. Y la segunda: que de la misma manera que lo racional siempre tendrá la sombra de lo irracional, no habría que dejar que lo racional sucumba ante lo irracional. Esto último sería sin más el aliado de la imbecilidad.

LIBERTAD DE CONCIENCIA

Voy a dar por supuesto que somos libres y tenemos conciencia. No profundizaré en las entrañas de estos conceptos, ni en los interminables debates de cómo han de explicarse. Menos aún en las superficiales discusiones sobre si la última palabra la tienen las neurociencias o la razón filosófica. Me limito a señalar que la libertad habita en nuestro lenguaje. Quiero decir que, si no la doy por supuesta, se viene abajo cualquier comprensión de lo que soy yo y el mundo que me rodea. Otro tanto diría de la conciencia y que en los humanos es autoconciencia o conciencia sobre la conciencia. Igualmente, nadie tiene derecho a anular lo que otro exprese en público. Quien así lo hiciera tendría que ser superlibre y superconsciente y hasta el momento no existe un ser así. De ahí se deduce que nadie tampoco podrá obligarme a que vaya más allá del mundo y me haga creyente en alguna de las miles de religiones. Como tampoco en uno de los variados modos de organizarme en la vida política, aunque unos modos sean mejores que otros. Utilicemos los mejores argumentos de las opciones sociales para convencernos los unos a los otros. Así seremos sensatos libertarios.

MÁS SOBRE LIBERTAD DE CONCIENCIA

La libertad de conciencia, ideológica o intelectual, se extiende al arte, a la ciencia o a la cátedra. Más complicada es la que atañe a los derechos de autor en la que habría que evitar el robo o el plagio. Históricamente la libertad de conciencia hunde sus raíces en Grecia y toma impulso con el cristianismo (de *internis neque eclesia*), la Ilustración y los escritos filosóficos sobre la tolerancia. Más concretamente la encontramos en la Revolución Francesa, en la Declaración de los Derechos Humanos de primera generación e incluso en la Constitución española. Hay conflictos con los límites de dicha libertad cuando se trata a los humanos o a cualquier ser sintiente como objeto. O cuando se propagan noticias falsas que socavan la libertad de los individuos.

En el campo de la bioética ha tenido especial relevancia la objeción de conciencia respecto al aborto. Lo más adecuado es lo que se ha legislado. La objeción del médico a practicar un aborto se enfrenta al derecho de la paciente que lo solicita, por lo que debería tener la opción de que un suplente lo realizara. En una sociedad laica las razones de tipo religioso no deberían imponerse, es más, deberían cerrarse todas las tribunas posibles a los argumentos y barbaridades anticientíficas y sin sentido común.

En una sociedad laica, si bien se admite que los creyentes puedan tener su culto, también debería permitirse el de los ateos. Y dada la trascendencia de la educación en la formación de individuos libres y responsables sería de suma importancia evitar que en la enseñanza se ofrezcan por verdades los mitos, la magia, las leyendas o las necias excentricidades. Por eso, cuidado con los nuevos brujos.

Y para acabar, una recomendación: respetemos la conciencia individual pero la relación con los demás debería ser siempre pública y lógica. Ahí nos medimos con los otros humanos.

DESOBEDIENCIA CIVIL

La desobediencia civil consiste en no hacer caso a las normas injustas de una determinada sociedad y es por eso se denomina civil. Adquiere toda su fuerza conceptual cuando tiene lugar en las que conocemos como democracias occidentales. Habría que distinguir entre la desobediencia civil revolucionaria o rebelde y la parcial. Y esta distinción es fundamental ya que no es lo mismo la desobediencia para cambiar todo el sistema que hacerlo para mejorarlo sin cuestionar la totalidad del *corpus* normativo. La primera, con la que me identifico en general, está en desacuerdo con todo el entramado legislativo del Estado. La segunda no va a la base del sistema, sino que le pone parches. No es suficiente la actuación individual y en privado porque lo que se pretende es que sea pública y con carácter ético, es decir de validez intencionalmente universal. Es secundario diferenciar si es activa o pasiva, directa o indirecta. Lo decisivo es que su contenido político se exprese en lo público y que se realice sin violencia física. Fue Thoreau el que la bautizó y los socialdemócratas, tipo Habermas, los que quieren minimizarla. Y en una posición intermedia se encuentran personajes como Gandhi o Tolstói.

Si volvemos a la libertad de conciencia hay que decir que se deben de aceptar las normas si son justas, lo que implica que debería prevalecer la conciencia personal. En efecto, primero dialogo conmigo mismo y desde ahí enlazo mi voluntad libre con la de los demás. En caso contrario puedo deslizarme a lo que La Boétie llamó la sumisión voluntaria y que es lo contrario de una democracia digna.

OTRO AÑADIDO A LA LIBERTAD DE CONCIENCIA

Primero. Puede considerarse a Antígona la primera en el calendario de la desobediencia civil. Opone, contra la ley del rey de Tebas Creonte, la ley inscrita en su corazón; lo que después se llamó natural y hoy conocemos como ética. Sófocles nos entrega un primer y duradero testimonio de la desobediencia como una acción moralmente relevante.

Segundo. La desobediencia civil no es una corazonada, un acto puramente subjetivo y cerrado en sí mismo. El desobediente, muy al contrario, da razones y trata de obrar a favor del bien común.

Tercero. El desobediente no actúa por impulsos sino reflexionando sobre cómo discurre la política dentro de la que vive y cuáles son sus fallos.

Cuarto. La desobediencia, bien lo vio Schopenhauer, es una muestra de responsabilidad puesto que sabiendo a qué se expone no siguiendo las normas, considera que debe hacer lo que cree que hay que hacer.

Quinto. El desobediente no acepta sin más el castigo. Si puede se escapa y se sustrae a la pena. Ni es tonto ni un piadoso religioso.

Sexto. Es recomendable entre todas las publicaciones recientes la del *Observatori de bioética i dret*. Se trata de una sensata propuesta de una ley de la objeción de conciencia.

MODOS Y MODALES

Siempre me interesó la idea de moda ya que se aplica en las más diversas áreas. Así, se habla de modos de ser, de lógica modal y hasta de moda de estilo. Pero hubo hace cinco siglos un inteligente jesuita español, Francisco Suarez, que desarrolló una original teoría sobre los modos. A pesar que es enrevesada y escolástica tuvo influencia en filósofos posteriores como Leibniz y el resto de racionalistas. En España ha llegado hasta Zubiri. En una breve y personal exposición de su ontología modal habría que decir lo siguiente: los seres que conocemos, las cosas entre las que nos encontramos, están en modo real, realísimo, tienden a resistir, a permanecer en su ser como diría Baruch Spinoza. Más allá de su sustancia y accidentes, su modo es ser real. Añado que un creador tendría que respetar lo creado porque es, por así decirlo, un algo que es de sí. Distinta es la modalidad posible y en nuestros días la virtual. Son las principales modalidades. De ahí concluyo que los modos de ser son el remate de nuestra esencia, el punto último y casi intangible de nuestro cuerpo. Y que una persona con modales siempre está a punto de salirse de sí misma, siempre tiene el modo de la elegancia.

PUEBLO

La palabra pueblo está rodeada de un halo indeterminado de significados. En su sentido más simple sería un espacio concreto habitado por humanos. En su evolución histórica se ha contrapuesto a la ciudad. De ahí las palabras de pueblerinos y urbanitas. Generalmente contemplando despectivamente a los primeros frente a los más cultivados que viven en las ciudades. Incluso, y en términos religiosos, los de pueblo serían paganos que sostienen falsas creencias mágicas. No todos, sin embargo, lo han visto así. Para Tolstói, por ejemplo, el campesino mantendría la pureza y sencillez contra la sofisticada ciudad. Y en una extraordinaria globalización, las diferencias clásicas se diluyen a gran velocidad. Por otro lado, en el terreno político se habla de popular o de populismo con mucha ambigüedad. De ahí que se adjetive como populismos, tanto de derechas como de izquierdas. No voy a entrar ahora en ese tema, pero sí en otro que lo subyace y que me interesa. Piénsese en una multitud, una tamborrada por ejemplo, en donde la gente se desborda en una unidad que sorprende. Adelanto dos interpretaciones. Una es la que juzga peligrosa tal unidad. Sería una especie de ataque emocional, una masa semejante a una máquina, unos individuos que se diluyen en un todo compacto. Por eso sostienen no pocos que habría una línea que va desde el idealismo romántico hasta el nazismo. Pero existe otra interpretación según la cual el pueblo se opone a los caudillos, a la opresión de los Estados y al elitismo necio de una burguesía vacía. Yo me inclino por esta última interpretación. No soy ciego a los peligros de la masa pero abro más los ojos para ver las virtudes de un pueblo como Fuenteovejuna.

EL DUELO

Me voy a centrar en el duelo por la pérdida de una persona amada. Lo haré de forma personal. El duelo produce un *shock* especial en el que aparecen, como si de un rayo se tratara, tres profundas sensaciones. Una es la persona que desaparece para siempre. La otra la herida para quien permanece en este mundo. Y la tercera, la manifestación que aparece ante tus ojos del rostro silencioso de la muerte. Respecto a lo primero cuesta creer que la distancia con la persona amada será siempre infinita. No lo crees y solo después de mucho tiempo te acostumbrarás a que no exista. Y en ese lapso de tiempo sueñas con volver a verla, entras en una especie de aceptación que va superando el abatimiento. Respecto a lo segundo miras a tu alrededor, te sientes sumamente solo y abandonado. Quisieras volar y reencontrarte, por decirlo de alguna manera, en un reconciliador más allá. Respecto a lo tercero divisas una desaparición de tu cuerpo. El horizonte de la muerte se aproxima. El mundo pierde valor y nada ni nadie te consuela. Menos aún las tópicas palabras de amigos y conocidos. Por mi parte no puedo ser original en que es lo que va sucediendo. Es verdad que el paso del tiempo es una ayuda tan real como despectivamente anodina. Además sobreviven sin pasar al olvido los momentos gratos vividos con la persona fallecida. Desde que la conociste hasta que falleció, la película de ella desfila ante uno. Finalmente queda un sentimiento de culpa porque desearíamos haberle dado mucho más de lo que le dimos. La muerte lo rodea todo, se mete hasta los huesos y lanza una palabra desde su silencio que todo lo tiñe de oscuro. Cada uno sabrá cómo sobreponerse. Solo me permito sugerir: ¡¡¡*carpe diem!!!*

AUTOAYUDA SIMPLE Y COMPUESTA

La autoayuda se refiere al desarrollo personal que se lograría por medio de los conocimientos sobre nuestras capacidades. Y al esfuerzo para transformarnos y enterarnos en qué medio social nos encontramos. Sería una cura de nosotros mismos, un alimento del cuerpo y del alma, un trampolín para ser felices. Yo distinguiría entre la simple y la compleja. La simple comienza por uno mismo y es un proceso que avanza hacia el contacto con los demás. La compuesta empieza acudiendo a un especialista, que va dirigiendo los pasos de un supuesto paciente. La autoayuda simple hace que el individuo se internalice, medite y, desde allí, vaya acercándose a otras personas que le ayuden a solucionar sus problemas.

La que he llamado simple creo que es el mejor método para crecer y no descarriar. La que he llamado compleja lo es porque aparecen otros factores que ahogan al individuo y le ponen en manos de unos nuevos sacerdotes que ofrecen, sus servicios, siempre cobrando, se aprovechan de las necesidades que mucha gente tiene y que, en ocasiones, está al borde de la desesperación. Estos curas sin iglesia han creado unas palabras fetiches que se toman como una doctrina con sus fórmulas mágicas. Por ejemplo, vulnerabilidad, autoestima baja y otras similares. Al mismo tiempo ha aparecido una legión de manuales llenos de tópicos y lugares comunes que ofrecen el maná de una felicidad superficial pero el engaño no mejora nada. Lo real es que cualquiera puede estar en un estado de dolor y no en una percepción muy pobre de ella misma. Sin duda es eso lo que debe movernos a ayudarles. Pero siempre desde la óptica personal de ellos mismos y no aprovechándose de sus necesidades.

LA JUSTICIA Y LA BONDAD

La justicia y la bondad son las dos caras de la ética. La justicia tiende a la racionalidad ya que trata de ser objetiva y equilibrar las relaciones entre los sujetos.

La bondad tiende a ser más afectiva puesto que da más importancia al contacto, a no desanimarse ante la dureza de la vida. La justicia mira a la necesidad. La bondad al lujo. Pasarse por ser justo lleva a la rigidez. Pasarse por ser bueno lleva a la debilidad o a la idiotez. Aunque lo deseable es la sensata unión de una y otra. Me voy a fijar en los peligros de la bondad o buenísimo. Veámoslo con un ejemplo cotidiano. El buenista ve muchas veces que el otro es malo o tonto pero rápidamente quiere salvarlo. Pensará, aunque no se lo crea del todo que el otro no es tan malo, que hay que darle una oportunidad o que nuestro juicio es exagerado. Ve lo malo o tonto que es el otro, pero se pone un velo. La decepción suele llegar, pero después de haber perdido, como mínimo, tiempo. Duchémonos con la bondad pero sequémonos con la justicia. En caso contrario seremos como *El idiota* de Dostoievski.

MAGOS

La leyenda de los Reyes Magos en el evangelio de Mateo fue central en los mitos y celebraciones de mi infancia y de tantos más contemporáneos. Es un recuerdo imborrable de niños recibiendo regalos y mayores regalándolos. Una mezcla de tradición, familia, hogar y obsequio.

Mago tiene una etimología confusa, aunque se asocia a los sabios y sacerdotes de Babilonia. Actualmente su significado varía y se pueden dar varios ejemplos de ello. Así, la magia puede referirse a algo maravilloso o de gran habilidad. Otras veces a un origen lejano en el que el mago, al revés que el creyente religioso, trata de conseguir favores de la deidad dando comienzo a una inicial protociencia. En otros casos hace referencia al prestidigitador. En acepciones distintas es pariente del brujo, con su contrapartida la bruja, con un significado de sabio o sacerdote ancestral. Y en ocasiones es una pueril manera de ser que denota un infantilismo digno de curarse.

Es probable que en el evangelio de Mateo haya una exaltación de los sabios de Babilonia frente a los judíos y rabinos de los que quería alejarse el cristianismo naciente.

Después nuestra cultura ha ido poniendo añadidos al mito. Se les ha llamado reyes. Se ha dicho que eran tres. Y con el tiempo a uno se le ha pintado de negro.

De todo esto queda poco más que los juguetes, la alegría de los padres y la humillación de los pobres. A mí me queda la figura del Olentzero, cubierto de hollín y sin rastro de la impostura necia de los reyes.

DEVANEOS

Las creencias son como el pulpo. Tienen muchos brazos. Algunos más largos y otros más cortos. Me voy a fijar en algunos de estos últimos, que suelen pasar desapercibidos. Muchas veces y ante un préstamo que se dilata, decimos que creíamos que nos lo iban a dar antes. O imaginemos que pensábamos que teníamos una cita con alguien y no viene. Es probable que exclamemos que creíamos que vendría. Supongamos que amamos a una persona y estamos convencidos, por su comportamiento, que nos corresponde y no es así. Diríamos que creíamos que nos iba a dar amor también. En todos estos casos y similares el uso de la palabra creer es una queja, un lamento, una frustración. Más aun, en dicha creencia lo que sobresale es una acusación, un reproche. La creencia significa: deberías haber hecho esto. Ha asomado la ética con sus deberes. Es la polivalencia de la creencia.

LOS DEVANEOS DE LA CREENCIA

Escribió el filósofo G. E. Moore a modo de paradoja esta frase: «Está lloviendo, pero creo que no está lloviendo». Esta simple y aparentemente excéntrica frase ha hecho correr bastante tinta. Wittgenstein la enterró como inofensiva dentro del lenguaje ordinario. Y otros dirán que es un decir prudente de quienes no saben probar lo que afirman. Otros que es una manera de llamar la atención y otros que se trata de un absurdo al que no hay que hacer caso. Lo que sucede es que las oraciones que son actitudes proposicionales como ocurre con las creencias lo enturbian todo. Y así la creencia se podría explicar de varias maneras. Una es la que las elimina y si digo que «creo que está lloviendo» lo traducirán por «es probable que esté lloviendo». Parece sensata esta interpretación que recibe el nombre de extensional porque lo dicho o es verdadero o es falso con el grado de verdad correspondiente. Meter ahí al sujeto que habla es como morder a los hechos. El sujeto se impondría arbitrariamente al objeto. El idealismo del yo se erigiría en juez de lo que existe. Por mi parte, y sin entrar en la disputa de intensionalistas contra extensionalistas, voy a dar mi opinión sobre los resbalones de la creencia cuando se la deja suelta. Todas las interpretaciones tienen su parte de verdad. Y es importante ser consciente de este hecho. Si tuviera que elegir cual es la más relevante de la que habría que partir sería la que toma a la creencia como algo que es probable.

APUNTE A NIETZSCHE

Lo menos que se puede decir de este filósofo germano es que es interesante y que ha tenido y tiene una extraordinaria influencia en todos los campos. Distinguiré dos aspectos de su obra y después daré mi opinión. Una es la que critica y destruye, concretamente al judeocristianismo, al que acusa de hipocresía y defensa de los débiles. El judeocristianismo iría contra la vida y nos desangraría como humanos. En lo que respecta a lo que propone coloca la vida material por encima de todo, defiende unos contravalores que nieguen los valores clásicos envenenados y ensalza el poder, la aristocracia y la guerra. De ahí que proponga un tipo de superhombre que, con su voluntad de poder, haga renacer la tierra contra el cielo y sea modelo de vida. Por mi parte estoy de acuerdo en bastante de lo que dice del cristianismo. Como con lo que expresa de una voluntad firme y responsable. En lo que estoy en total desacuerdo con él que el lo bueno sea el poder aristócrata, guerrero y lo malo la plebe. Para mí la aristocracia es una burguesía que se aburre menos que una clase media mediocre. Y los guerreros unos inútiles esclavos al servicio de los poderosos. En este sentido, Nietzsche quiso poner todos los valores platónico-cristianos boca abajo. Sin embargo yo haría lo mismo con la división que hace entre los aprovechados que mandan y los rebeldes que se defienden. Tal vez sea en el fondo un cristiano. Puede ser, pero no soy un resentido. ¿No lo era él?

APUNTE A LA CONFERENCIA SOBRE LA ÉTICA DE WITTGENSTEIN

Ponerle peros a un genio es arriesgado y osado. No cometeré tal atrevimiento. Solo haré algunas observaciones acerca de lo que serían los puntos más dignos de afinarse de su conferencia. Porque de una conferencia se trata y que dio, a lo que parece en el año treinta del siglo pasado, en el club de los Apóstoles. Programado era que hablara de lógica o de ciencia. Dijo con cierta ironía que como de tales materias el público no se iba enterar, expondría lo que en aquel momento le preocupaba y que era la ética.

En dicha preocupación se nota todavía la presencia de su gran obra el *Tractatus logico-philosophicus*. Y también que está en un periodo de transición que le llevará a lo que suele llamarse su segunda filosofía.

En primer lugar, lo que Wittgenstein entiende por ética es lo que sostenía G. E. Moore, quien coloca el estudio de lo bueno como el objetivo de la ética, dejándose fuera el estudio de los deberes. Esto supone una parcial manera de estudio de la ética. En segundo lugar identifica ética con estética, como lo había hecho en el *Tractatus*. Y unirlas de esta manera induce a error.

Y en tercer lugar, supone que las proposiciones éticas tendrían que ser absolutas, cosa que es imposible ya que nuestro lenguaje solo permitiría referimos a los hechos y, de estos, proferimos proposiciones que son relativas. En otros términos, según él, si pudiéramos hablar de ética deberíamos referirnos a una verdad absoluta, lo cual es imposible. Al final solo nos quedarían expresiones un tanto nostálgicas de nuestros sentimientos o el puro silencio.

Si se me permite una interpretación personal sobre su doctrina, las proposiciones que tomamos por éticas serían acuerdos sociológicos. Pero para él las proposiciones éticas serían una combinación entre vivencia interna y acción desde nuestra propia conciencia.

Según mi opinión es confuso por no decir equívoco.

En primer lugar, la ética no tiene que mirar a absoluto alguno. Nos basta lo que dentro de la cultura se considera más aceptable y nos sirve para vivir en la vida práctica. Por otro lado, que exista un relativismo de hecho entre las múltiples culturas que existen, no quita para que aspiremos a una ética universal que no tiene por qué adjetivarse de eurocéntrica. Es de esperar que en un deseable día todos estemos de acuerdo en que, por ejemplo, la ablación del clítoris es un mal.

En segundo lugar, una cosa son los deberes y otra la bondad. Los deberes son negativos en el sentido de que nos indican lo que no debemos hacer. Por ejemplo, no debemos matar. Y hay que decir que son suficientes para interrelacionarnos éticamente. La bondad es un paso más. Lo bueno nos anima a ir más allá de lo correcto y construir una humanidad más elevada. Pero lo bueno que hagamos es indefinido y en modo alguno absoluto. Cada uno sabrá hasta donde puede y quiere llegar. Tal vez el modelo más alto sean los héroes y santos.

Para acabar me fijaré en algo que dice Wittgenstein: «Las palabras, muchas van más allá de la pura lógica y no por eso dejan de tener sentido». El lenguaje metafórico sería un ejemplo... Por lo demás que me perdone Wittgenstein por estar en la tierra.

COMUNIDAD Y SOCIEDAD

Comunidad y sociedad es una clásica distinción hecha por Tenis. Entre las variadas distinciones y a la luz de nuestros días yo elegiría las siguientes. La comunidad es más solidaria, los vínculos son más afectivos, los contactos más locales. Sería un conjunto de amigos que, como diría Aristóteles, no necesitan leyes. La sociedad sin embargo, fruto en buena parte de la revolución industrial, es competitiva, individualista, poco afectiva, sujeta a normas y global. Es la sociedad la que, al menos en

Occidente, ha triunfado. Y con ella un capitalismo brutal como el que existe en nuestros días. No es el de Adam Smith, ni el clásico, ni el neoclásico. Es un capitalismo cuyo dinero borra o somete a cualquier institución. En manos de unos pocos todo lo hace opaco o a su servicio, los medios de comunicación son su larga mano y la complicidad obediente aplaude o calla. No solo se ha hecho con los medios de producción, sino con las conciencias de la gente. Y últimamente con la tierra y el mar. Conocedoras las grandes empresas de la destrucción del planeta, lo han ocultado, han premiado el mutacionismo, han seguido poseyendo en sus manos los viejos recursos y energías que les son rentables. La situación es esa y sin resucitar lo que sería lo menos aceptable de una comunidad que se convierta en masa, es un deber moral denunciar, resistir y oponerse al capitalismo de ricos que genera incultura y pobreza. Y hacerlo con la acción. Decía Wittgenstein que un concepto que no se aplica no vale para nada. Y el malogrado y olvidado Althusser decía que lo que importa es la práctica teórica. Por mi parte digo que sin compromiso político no vale nada lo que digamos. Por mucho que se expliquen las consecuencias fatales del aumento del dióxido de carbono, y es un ejemplo, se quedan en nada si no se protesta y actúa en el marco de una política que no sirva al capitalismo campante. Como escribía Goethe: «En el principio era la acción».

LAS GUERRAS

Las guerras siguen siendo uno de los mayores males que cometemos los humanos. Las guerras nos han acompañado todos los días desde las que se cometieron en la prehistoria para defender el territorio y los recursos hasta las sofisticadas guerras tecnológicas de hoy. Estas últimas son las que se suelen hacer para extender el dominio y poder de unos Estados en detrimento de otros. Se llaman conflictos aquellas que no se declaran formalmente.

Se puede distinguir otras modalidades más o menos importantes. Por ejemplo, la que diferencia entre guerra y guerrilla. O civil dentro del propio Estado y las que se realizan contra otros estados. O mundial y parcial. Lo que importa sin embargo señalar es que guerrear es violencia y no agresividad. Porque los humanos nos valemos de la inteligencia para aumentar la destrucción. De ahí que el militarismo sea un veneno que se inocula con perversidad. Por otra parte, se ha hecho famosa la frase de Clausewitz según la cual la guerra es la continuación de la política con otros medios. Eso es una barbaridad. Es como mezclar agua con aceite. La guerra es la parte más absurda en el empleo de las capacidades humanas, la puesta en escena de una cobardía disimulada, la promoción de la imposición, la ambición y la imbecilidad.

Contra la guerra solo cabe la paz. Una paz firme basada en una educación que se manifieste en la praxis. Una pena que movimientos pacifistas como los de Russell o Einstein hayan desaparecido de la escena.

CRÍTICO CON LOS CRÍTICOS

Desde la izquierda real no critico tanto a la derecha como a una falsa y endeble izquierda. Y es endeble porque en vez de afianzarse en sí misma vive de los réditos de gritar contra la derecha. Respecto a esta, ni me molesto en decir nada. Me opongo en mi vida diaria y tengo presente que morderá fuerte en cuanto pueda. Lo importante hoy es limpiar la propia casa, criticarse a uno mismo, no ser ignorante, coherencia y no imitar a los que se llaman enemigos. Más cabeza, más corazón y menos cuento.

Hay que ser crítico con los críticos. Es lo que hizo Orwel, de radiante actualidad. Y pensar que es tarea de todos. Y no obedecer a nadie que es la tarea de un ser libre.

TRES COSAS

Tres cosas hay en la vida que son el fundamento de una persona realmente de izquierda y no de boquilla.

La primera tener ideas propias, con sello personal y sin obedecer, sin más, al jefe, a la jefa o al grupo. La consigna o el eslogan arruinan la dignidad.

La segunda, ser autocríticos. Los otros pueden tener razón y uno equivocarse. Si no, se cae en la necedad infantil y en el dogmatismo. Todo se convierte en una iglesia.

La tercera, coherencia entre pensamiento y vida. Lo que valen son los hechos y no las palabras. Quien dice que es de izquierda y vive como la derecha, es de derechas.

Habría más características, pero sirvan estas.

Por cierto, conviene dar una definición de lo que es ser de izquierda. Uno no lo es porque no sea de derechas. Falacia semejante a decir que una piedra es un hombre porque no es una planta. Imbecilidades como estas abundan. Como abunda la ignorancia y la falta de lógica. Apunto que una definición de izquierda real incluiría la nacionalización de la banca y la distribución de la tierra. Esto sonará a algunos a nostalgia decimonónica. A estos los definiría como casta.

SUBJETIVISMO

Es habitual escuchar expresiones como «es que lo siento así», «es que yo solo sé lo que me digo», «es que no me entiendes ni me entenderás». Lo que habría que responder de inmediato es que deberían callarse, ya que no podemos entrar en esa verdad interna que se escaparía al contraste con los hechos. Un absoluto interno se levanta y nadie lo podría poner en duda. De esta manera llegaríamos al absurdo de que alguien puede decir que es bueno, aunque no haga más que maldades o que Dios le habla, pero él solo lo sabe. El subjetivismo se ha comido la realidad. Un yo pletórico crea los hechos. Suena a aquel idealismo romántico germano en donde la conciencia generaba el mundo. Las religiones, sectas y fanatismos son ejemplo de tales actitudes y sus consecuencias suelen ser funestas. Creen que tienen una verdad absoluta y la imponen como si tuvieran un poder divino. Pero hay dos tipos de este disparate de dar sentido a lo que no lo tiene, puesto que el sentido o significado ha de ser compartido. Uno es el extremo consistente en la locura de una fe irresistible por la que uno dice que es Napoleón, habla con el diablo o tiene la misión de salvar el mundo. El otro es más esquivo e integrado en la sociedad. Se trata de una semilocura. Todo se basa en «es lo que a mí me gusta» o en fuertes emociones desprovistas de contenido. Es una especie de epidemia que impide el dialogo razonado. Es el signo de unos tiempos en los que una devastadora ignorancia habita dentro de un mundo que supura irracionalidad. Una nueva ilustración sería bienvenida. Pero no se la ve por ninguna parte.

DOGMA E INCULTURA

Hay dogmáticos con los que no hay forma de hablar. Es lo que sucede con los creyentes religiosos que se agarran ferozmente al otro mundo. A estos se les detecta con facilidad. Pero existe otro tipo de dogmáticos integrados o disimulados y hay que esperar para descubrirlos. Estos últimos se aferran a unos pocos conocimientos que los toman como inamovibles. Porque es lo único que creen saber, porque forma parte de su pobre andamiaje intelectual, porque se lo dijo alguien a quien se debe obedecer. Lo que dicen saber lo recitan y no cambiarán por mucho que les ofrezcan argumentos. Su persona depende de sus dogmas. Su mente es incapaz de dudar o de entender lo que le dicen. Son como un niño con un juguete. Como no saben mucho se abrazan a lo poco y de ahí no salen. Estos dogmáticos son unos incultos. Se parecen a quienes no han viajado nunca y creen que su pueblo es el centro del mundo. Son unos pesados y aburren.

FEMINISMOS

Hay diversos feminismos. En España es mayoritario uno que tiene no poca presencia pública, es combativo en todos los terrenos y se moviliza tanto dentro como fuera de las instituciones. Está en el Gobierno, propone leyes nuevas y se opone a las que rezuman tradicionalismo insoportable. Han puesto su punto de mira en la lucha contra lo que llaman el patriarcado, contra el machismo imperante, contra la dominación masculina. Y tienen toda la razón. Porque la historia y buena parte de la prehistoria muestran que un feroz machismo está inserto en la estructura misma de la sociedad. Y acusan a algunos hombres de perversos maltratadores y a otros de pasividad o incapaces de cambiar en sus relaciones con la mujer. También tienen razón. Porque es hora de que la mujer no sea un objeto, de que sus derechos sean iguales a los del hombre, de que se respete a todos los humanos. Más aun, siempre he pensado que dentro de los movimientos sociales el feminismo es el más transformador, rebelde y revolucionario. Pero reafirmado lo anterior, que es el fin u objetivo feminista, pondría alguna pega o critica a cómo se está haciendo. Está en su sitio la firmeza pero es importante el tono. Porque está de sobra insultar, descalificar o exagerar. La moderación es bienvenida y no provoca reacciones innecesarias. También se debería ser más autocrítico. No todo lo que se hace está bien y hay que huir del dogmatismo. En caso contrario se desliza uno hasta llegar a una especie de clericalismo. No hay que confundir reivindicación femenina con puritanismo. Se debería tener siempre una mente muy abierta. Finalmente el feminismo debería ser independiente del poder político, tal como existe este en el feroz capitalismo actual, sea este de la izquierda o de la derecha. Un real feminismo no se alía con ningún gobierno ni poder. Solo se une al pueblo. Ese pueblo no está hoy en ningún partido político. Decir que unos son mejores que otros me parece, una solemne tontería. Por lo demás que viva el feminismo y que todos los días sean el día de la mujer.

LA ESTUPIDEZ

La estupidez, imbecilidad o idiotez nos es constitutiva. El estúpido no se da cuenta que la vida es una carrera contrarreloj, no aprende nada, no se entera de lo que sucede, en vez de vivir es vivido. El estúpido no se cura fácilmente y esparce su idiotez. Hay que huir de la estupidez que es contagiosa. Sucumbir a la estupidez un rato, es normal. Sucumbir mucho tiempo, una monumental estupidez. Pero conviene ser modestos porque tal vez la evolución ha hecho que nazcamos con ella para que luchemos contra ella y crezcamos. De momento vamos perdiendo esa batalla.

EL PODER DE LA RELIGIÓN

La religión lo invade todo y es un error decir que abarca una sola parte de nuestras vidas. Porque existen una serie de características que son compartidas por muchas de nuestras conductas. Obsérvese el comportamiento de los partidos políticos que nos rodean. Forman un grupo en el que los individuos se mueven codo a codo, se apoyan contra otros grupos a los que se considera enemigos o rivales y siguen al que veneran y obedecen en lo que dicta y manda. Los disidentes son expulsados en cuanto ponen en cuestión la autoridad del jefe o la doctrina del partido. Una fe distingue a los militantes llegando al fanatismo más insoportable. No se dialoga y se va construyendo una identidad que sirve para dar sentido a la existencia de los adeptos. Los que están situados en la cima del partido teorizan y divulgan las supuestas verdades y bienes que dicen poseer. Se augura una vida mejor si se cumplen los programas, se preparan las elecciones como si fuera lo más importante y decisivo dejando de lado cualquier otro deber. Si los programas no se respetan y las contradicciones entre lo que se promete y lo realizado son descomunales, no se deja de creer en los carismáticos líderes y sus sacerdotes. Los ritos unen a los miembros en la forma de mítines, fiestas o manifestaciones. No habrá modo de desmontar la obcecada postura de unos seguidores a aquel partido que funcione como medio de salvarles. Se podría continuar exponiendo más características pero valgan, las dichas, como muestra de lo que sucede y es imposible negar. Si nos volvemos a las religiones, nos daremos cuenta de que la estructura es la misma. No existe la autocrítica ni argumento que haga dudar lo que se considera una verdad absoluta que escriben con mayúsculas. El militante se revolverá ofendido contra lo que acabamos de decir.

Y después de indignarse al considerar que hemos interpretado con perversidad una necesaria acción democrática, contraargumentarán diciendo que los contenidos son radicalmente distintos. La política se refiere a este mundo mientras que la religión se pierde en un vaporoso y alienante más allá. Quien piense que una cultura laica es fundamento de una sociedad racional y libre responderá que el envoltorio, al ser el mismo, diluye lo que sería el contenido. Más aún, la política partidista puede alienar más, puesto que se monta sobre los individuos como si se tratara de algo que se puede probar empíricamente. Esto hace más incautos a quienes profesan la fe partidista. Los creyentes religiosos, al perderse en las brumas de lo mítico, están sometidos a la duda permanente. Una cultura laica tiene que poner ante los ojos estas perversas similitudes. Y avanzar así hacia una racionalidad democrática que desea que la autonomía y la rebelión de la gente se liberen de la presencia de una tradición que dificulta que seamos dueños de nosotros mismos.

ÉTICA

La moral es estática porque estabiliza al grupo. La ética es dinámica porque intenta homogeneizar las costumbres morales y apartarlas del egoísmo de la identidad y de la tiranía de las costumbres. La ética sueña. La moral duerme. La confusión entre ambas y lo arbitrario que suele ser distinguirlas, la inició Cicerón cuando tradujo la palabra griega *ética*, que atañe al carácter, por la latina *mos* que es costumbre. Tengo la impresión de que no saldremos fácilmente de este embrollo y que los que van de finos dirán ética para engolar su discurso, sin saber lo que dicen.

La ética, por definición, es universal y tiene como objetivo la humanidad. Quiere esto decir que no se limita a esta o aquella cultura o comunidad, sino que busca principios de convivencia y vida buena para todos los humanos. Debería guiarse por una regla y unos contenidos. La regla formal es la de Kant y la llamada Regla de Oro que está en el evangelio de Mateo. La de Kant dice que la persona humana en cuanto tal es lo que determina nuestras acciones. Y en Evangelio se dice que lo que deseamos que hagan los otros por nosotros lo hagamos nosotros por ellos. Respecto a los contenidos son varias las propuestas y los derechos humanos las codifican. Por mi parte, yo adelanto estas: libertad, igualdad, respeto y solidaridad o altruismo. Y una proclama total para que no se reprima el humor. El soso es parte esencial del poder que achica a los individuos.

DE DONDE PROCEDERÍA UNA ÉTICA UNIVERSAL

Una ética laica ha de basarse en sí misma, sin recurrir a dios alguno. Para encontrar una respuesta, ya Safire propuso la creación de una disciplina llamada neurótica. Se trataría de encontrar un fundamento empírico que valiera para todos. Gazzaniga defiende una dependencia total de las acciones éticas, que sería genética. Su postura ha tenido mucho impacto. Una de mis mejores alumnas le seguía con pasión. El problema es que no logra explicar lo que entendemos por libertad. En España, Adela Cortina y Enrique Bonete se han dedicado con ahínco al tema. Pero siempre dejan el hueco a la trascendencia. No en vano son de claras corrientes religiosas. Por mi parte, y dando por hecho que la ética universal es lábil, por ser sumamente lábil y en mantillas, ha de hacer pie en lo siguiente: por un lado, buscar todos los datos cerebrales que puedan conectarse con la ética y, por otro, entrar en lo que la filosofía pueda ofrecernos para aclaramos qué es lo que queremos decir. Finalmente, yo sigo manteniendo el ideal de una ética universal como aspiración, en proceso y discusión.

UNA ÉTICA PARA HOY

La ética se mueve en una materia que no es otra sino la sociedad en la que se vive. Y esa hoy es esperpéntica, idiota, revuelta, ignorante y moviéndose a impulsos descerebrados. En esa situación, hablar de ética es como echar gotas en el mar. Por eso necesitamos volver al cinismo ético, provocar con esperpento al esperpento, darle la vuelta a las palabras y reírnos de todo. Es la única alternativa. Hagámoslo, desobedezcamos, caminemos a la contra. Al necio que le den y al listo, pura risa por ser tan pobre hombre o mujer o «transtodo».

METAFÍSICA

Metafísica quiere decir más allá de lo físico. Quien utilizó primero ese nombre fue para ordenar en una biblioteca los libros de Aristóteles sobre la física. Pronto cambió su significado entrando en el terreno de la confusión. La teología lo empleó para referirse a lo que está más allá del mundo. Otras corrientes separaron en su nombre lo empírico y material de unos principios básicos para poder pensar. Y así se introdujo una materia que se refería al ser y sus formas, como por ejemplo la causalidad o la diferencia entre sustancia y accidentes. De esta manera lo especulativo y vacío se colocó como una especie de manto sobre la realidad. Así la Metafísica estudiaría el ser en cuanto ser y la Teodicea la causa del ser que no sería sino Dios. Contra este fraude se reveló Kant y fue noqueado por Wittgenstein. Pienso que hay que denunciarla y que vuelva a concentrarse en el ser como lo hace Heidegger es alienación, falta *de análisis conceptual y subjetivismo rampante*. Habría que suprimir las cátedras de Metafísica y a sus cultivadores, que no hacen sino soltar palabras que engañan a los más incautos, ponerles a estudiar en el árbol de las ciencias.

MATERNIDAD SUBROGADA

El debate sobre los vientres de alquiler ha saltado al público a causa de haber hecho uso de esa técnica reproductiva Ana Obregón. La polémica tiene dos vertientes, la sociológica y la moral. La sociológica se centra en qué personajes recurren a esa reproducción o cuál es el poder mediático para resaltar unos casos y silenciar otros. Pero la discusión fundamental es la moral y esta habría que plantearla sin dogmatismo y sin dar lecciones a nadie con aires de verdades absolutas. Una cuestión básica en este punto atañe a quiénes somos los titulares de nuestros cuerpos y parece que todo individuo lo es. Y puede dar una parte de él, suicidarse o inmolarse por los demás. Se dirá que esta técnica de subrogación está prohibida en muchos lugares pero una cosa es la legalidad. Lo decisivo moralmente es la legitimidad. Y para denunciar lo legítimo, que es hacer lo que me da la gana con mi cuerpo tendrían que darse argumentos muy fuertes. No vale decir que se trata de una explotación puesto que en una sociedad de capitalismo financiero especulativo dicha explotación está por muchas partes y lo que habría que reivindicar es la supresión de que unos humanos sometan a otros Una objeción más fuerte contra esta forma de reproducción es la de que se usa a la madre gestante, de modo semejante a como se usa cualquier objeto. Esta objeción es fuerte pero si la persona actúa autónomamente es difícil imponerse a su voluntad. Decir que no es libre es algo que hay que probar en cada caso. Si hay un negocio mafioso, que se le persiga pero que no se niegue sin más mi capacidad para hacer lo que yo quiera.

Por otro lado, hablar de la sacralidad del cuerpo de la mujer es una metáfora que no tiene cabida en una sociedad democráticamente laica. Deberíamos tener cuidado con un puritanismo que, como indico Foucault con su concepto de biopolítica, hace que nuestros cuerpos sean modelados por un poder que todo lo controla.

Mejor que mirar que hacemos con nuestro sexo, con nuestra vida o con nuestra muerte tratemos de ayudar a los que realmente sufren en un mundo injusto.

Solo me queda añadir que donde más problema veo es en el niño y su futuro. El semen en nuestro caso procede de un pariente, un yo cercano, lo que nos aproxima al debatido problema del incesto. Tal debate está abierto, que no cerrado. Respecto a que la madre sea la abuela y por desaconsejable que esto sea, no veo que caiga sobre ello una prohibición moral. Todo eso me lleva a la duda. Solo en cuestiones delicadas que tocan los intercambios más íntimos, la duda es la mejor consejera. Desde la duda se puede avanzar. Desde la obcecación ignorante todo se destroza.

FERNANDO SÁNCHEZ DRAGÓ

El panegírico es un elogio al fallecido. En la diatriba se denuncian los defectos de vivos o muertos. FSD recibirá no pocas diatribas o acusaciones y tampoco escasearán los que resalten su figura. Se podría, sin embargo, tomar una distancia que le coloque en un terreno neutral, muestre su singularidad, reconozca su vitalidad, no esconda su excentricidad y sepa de lo difícil que es encerrarlo en una definición.

Encontraremos los más diversos epítetos para su persona. Para unos, un banal comunista que acabó en fascista, un oportunista descarado, un visionario arribista o un falso anarcoide que bebe de cualquier agua que sirva para su insaciable vanidad. Para otros, alguien que ha recorrido con éxito todos los platós televisivos, ha escrito decenas de libros y cientos de artículos, ha recorrido universidades de todo el mundo y ha unido budismos, cristianismo, mitos, brebajes y lo que la imaginación de cada uno podría añadir.

Dos aspectos que desearía destacar y que son sociológicamente relevantes. El primero tiene que ver con la espantada que se dio en la Transición española. Unos se convirtieron rápidamente en moderados y posibilistas o socialdemócratas. Otros se adaptaron estratégicamente a la Democracia sin nunca desdeñar su real franquismo. Y otros quedaron fuera de juego porque prefirieron mantener sus ideales rupturistas. Entre estos, y es el caso de FSG se salieron excéntricamente por la tangente acabando en libertarianos conservadores. En segundo lugar hay que decir que FSG fue un lector impenitente. La lectura empieza a ser hoy, patéticamente, cosa del pasado en un país en donde se abren gimnasios a la misma velocidad que se cierran librerías. La lectura es el motor de la cultura. Por lo menos que se aprenda esta necesaria actividad de FSD.

Por mi parte, y estando muy lejos de su supuesta filosofía, de sus opciones políticas y de sus opiniones sociales, tengo que decir que era afectivo y amigo de sus amigos. Y en un clima de trivialidades sin cesar, en la devoción al jefe que apaga la crítica más elemental dentro de una masa que se mueve como una peonza, no está de más el pícaro español. En un país con tanta sumisión un recuerdo para alguien que vivió probablemente confundiéndose. Pero fue él.

RELIGACIÓN

La etimología de religión viene de *relegere* y no de *religare* pero se ha usado esta última también para demostrar lo que es tal vez lo más profundo del significado de religión. *Religare* sería estar ligado o atado a algo. En este sentido, la religión es vivir ligado emocionalmente con una enorme fuerza y de la que es muy difícil soltarse. De este modo, es como un superconcepto o género que engloba otras diferencias específicas. Se es religioso estando ligado a Dios, a tu patria o a tu pareja. Se dirá que no es lo mismo *religarse* con Dios que con tu pareja, ya que Dios puede ser una ficción y la pareja una realidad. Eso es verdad, pero los afectos o emociones son lo sustancial. Esto lo vio bien Schleiermacher, pero se les pasa por alto a quienes tienen una idea endeble y acrítica de la religion. Estos últimos suelen ser muy religiosos sin saberlo.

POSTRIMERÍAS

Imaginémonos que el buen Dios se levanta una mañana compasivo y se apena de los tristes mortales. En un arranque de compasión, se comunica con Javi y le ordena que arregle este desdichado mundo. Le inviste de poderes, hasta el momento insospechados, y le encarna una revolución que hace que el cielo aterrice en la tierra. Javi es el encargado de realizar esta poderosa trasformación. Javi acaba con las guerras, destierra la estupidez, elimina el dolor, enciende de amor el corazón de las personas, las llena de placer, coloca el conocimiento en la cima del saber y hace que todo quede envuelto en el aroma de una felicidad siempre añorada y nunca lograda.

Ha sido todo muy fácil. Ha bastado con un buen despertar. Las pesadillas desaparecieron y Dios se volvió humano. Todo muy simple. Pero lo simple es la risa contra lo imposible. Porque los protagonistas son el reflejo de alguien que quisiera todo y no puede nada. Las tinieblas han derrotado a la luz. Triste final de la fantasía humana.

EL YO Y EL EGO

El filósofo Tugendhat llama al humano «el animal que dice yo». Esto nos diferenciaría del resto de los animales, incapaces de usar esa palabra. Nosotros usamos el «yo» porque no solo gritamos o voceamos, sino porque tenemos un lenguaje proposicional. Dicho lenguaje aísla un objeto y lo completa con un predicado. Por ejemplo, si afirmo que Ana es bella, he seleccionado a Ana y le atribuyo la bondad. Se trata de una doble articulación, en donde alcanzamos un alto nivel de abstracción. La oración en cuestión la podemos expresar en cualquier momento, independientemente de la situación en la que nos encontremos. Un animal no humano funciona con estímulo y respuesta. Nosotros estamos fuera de este condicionamiento y podemos hablar de todo, incluido el hablar de dioses, de demonios o de la misma nada.

Es ahí en donde aparece el «yo» que nos es esencial en la comunicación. Puedo reemplazar mi nombre, Javier, y con el que refiero, por ejemplo, al color rojo de la habitación. Por un: «yo veo el rojo de la habitación». Ese «yo» ha sido y es ocasión de inacabables discusiones a la hora de aclararlo, sobre todo, porque no se encuentra, por mucho que busquemos, en ningún sitio. Kant lo considero algo trascendental más allá del espacio y del tiempo. Wittgenstein escribió que no estaba en el mundo. Y la neurología, por mucho que se espere solo llegara a informarnos de las condiciones neuronales que son la base del «yo» pero no del significado que le damos.

Si dejamos de lado que no se refiere a ningún objeto, ni siquiera al cuerpo, se plantea el problema de qué tipo de autoreferencia es esa.

Pienso que, al margen de opiniones más o menos discutibles, habría que diferenciar dos aspectos. Uno es el teórico y otro el práctico. Según el teórico se trata de un caso más de la paradoja de un cerebro que se refiere a sí mismo de forma que uno es sujeto y objeto. Cuando hablo de mí yo soy el sujeto y el objeto de mi referencia. No sé si alguna vez podremos escapar de la paradoja. Tal vez recurriendo al truco wittgensteiniano de dar sentido a nuestras palabras desde el sinsentido. Respecto al aspecto práctico, el «yo» hace referencia a mis estados internos como podrían ser mis intenciones o deseos Se refieren en suma a mi intimidad que no es lo mismo que mi privacidad. Se podría decir que la intimidad de mí yo se da, por ejemplo, con mis fantasías o cuando estoy en el baño. Y es eso realmente lo que me otorga la diferencia, lo que me hace distinto a los demás. No sé si tendría que proteger a ese individuo, sujeto o «yo» con derechos. Dependerá de varias circunstancias. Por ejemplo de mi consentimiento o de reciprocidad. La cuestión queda abierta.

Respecto al ego, y dejando de lado a Freud, a veces es el sustituto del «yo», otras un saco de vanidades y otras algo merecido. Un ignorante que va de sabio posee un ego idiota pero que Wagner o Tamames tengan mucho ego hay que reconocer que se lo merecen.

ASOMBRO

Utilizamos varias palabras tomándolas como sinónimas o semejantes. Es el caso de asombro, sorpresa, admiración o extrañeza. Desde Aristóteles se las ha estudiado, pero no parece que haya mucha unanimidad a la hora de que las comprendamos con cierta claridad.

A más de uno les puede parecer que se trata de una especulación inútil o de una mezcla de emociones, gustos artísticos o poca nitidez verbal. Pienso que no tiene por qué ser así y que es importante para la vida diaria y la comunicación humana. Por ello voy a hacer una serie de distinciones que nos ayuden hoy en un mundo atropellado, revuelto y donde manda la tiranía de la imagen y una prisa que se mueve alocada.

La sorpresa consistiría en estar atrapado, golpeado por algo imprevisto, que nos sacude, que nos descoloca. La sorpresa nos lleva a pedir más razones, a intentar conocer lo que el momento nos es desconocido. Sorprenderse es constitutivo de una persona que piense. En este sentido habría que revelarse hoy ante lo frívolamente acomodaticio, la indiferencia inerte o la pasiva y acrítica obediencia. Al igual que no se puede ser moral sin indignarse ante la injusticia no se puede ser racional sin esforzarse por enterarse, sin el deseo, tantas veces placentero, por aprender. La sorpresa es un aliciente esencial para vivir mejor.

La admiración remite al reconocimiento de alguien o algo que nos supera, que es un modelo a seguir o que nos cautiva por su belleza. La admiración lleva al entusiasmo, despierta la ilusión y nos introduce en un mundo que rompe con lo anodino, con lo rutinario. En la actualidad necesitamos huir de los discursos simplones, de la fea mediocridad. Ante la avalancha de tópicos, lugares comunes y banal publicidad habría que reivindicar la capacidad estética, la mirada que se sumerge en lo hondo de los objetos. Una juventud desprotegida y rodeada de ruido debería ser preservada por medio de una pedagogía que sabe valorar la belleza y su máximo esplendor, que es lo sublime.

El asombro se parece a la sorpresa y a la admiración pero añade otros matices. Por ejemplo, y como su etimología resalta, el darse cuenta que estamos rodeados de sombra, que hay luz en las tinieblas. De ahí que el asombro es la emoción profunda de que no abarcamos todo, de que hay siempre algo que se nos escapa, que en cualquier esquina puede aparecer algo nuevo. Esto nos haría disfrutar de lo que conocemos y sentimos y, al mismo tiempo hacernos más modestos por lo mucho que desconocemos.

En la extrañeza nos replegamos, nos distanciaríamos de los hechos del mundo. En ese extrañamiento sentimos que somos una parte mínima en el universo, uno más entre todos los humanos. Se podría llamar a esto mística, siempre que por tal se entienda que siempre estamos dentro de una existencia que nos libera y nos oprime, y que siempre se nos escapa. Lo que no se nos debe escapar es que se trata de una mística natural.

Las cuatro características nos son propias, pertenecen a nuestras humanas capacidades. Y nos sirven para vivir mejor.

MACRO Y MICRO

Entender palabras como epistemología, metodología o gnoseología, tal vez sea un recurso que ayude a la comprensión de tales conceptos y recurrir a la diferencia entre macro y micro.

Tomemos un ejemplo. En física se puede elegir especialidad en el estudio de la luz. Sería este un conocimiento micro. Pero si además se inserta dicho estudio en las relaciones con otras partes de la física y con otras disciplinas afines, el conocimiento es macro. Y eso nos puede llevar a preguntarnos por cuáles son los límites de nuestro conocimiento o cómo hemos de enfocar nuestra investigación. Estaremos en los dominios de la filosofía.

De ahí que el científico que sabe ciegamente solo de una cosa, sabe de algo, pero no llega a saber lo que sabe.

Es un minicientífico falto de cultura. Quien, por el contrario, avanza macroscópicamente, es realmente un científico.

Decir que la epistemología es el conocimiento científico que puede ser verdadero o falso, que la metodología se refiere a las estrategias para lograr dicho conocimiento o que la gnoseologia estudia el conocimiento en general, está en su punto pero es insuficiente. Porque un espíritu científico firme y culto al hacer ciencia mirará a la filosofía y un filósofo que no se ciña a fechas, ocurrencias o simple palabrería mirará a la ciencia.

AUTOCRÍTICA

La falta de autocrítica es lo más opuesto a la argumentación, al dar razones. La carencia de autocrítica supone, a quien así se comporta, ser como un fósil. Se ha convertido en una piedra, carece de poros y solo se escucha a sí mismo. Y se anula si quiere criticar a otros. Porque ni siquiera los ve. Quien no sabe autocriticarse es como quien tiene fe.

Su verdad es absoluta, total, sin fisuras. En ese caso y si fuera coherente, debería callarse puesto que ha decidido hablar con la nada.

La argumentación o dar razones es todo lo contrario. Escuchar a quien habla, le deja siempre un espacio para que le respondan y modifica su postura si considera que el adversario tiene mejores razones.

En la vida política pública, la infantil incapacidad de autocriticarse debería ser castigada. Por pésimo modelo y por imbecilidad. Y quien respondiera que no hay que reconocer los errores o dar bazas al enemigo está dando muestras de su pequeñez mental. Porque lo que manifiesta es un afán de justificación lleno de hipocresía. El que no ejerce la autocrítica va de la mano del que tiene fe. Debería recibir muchas clases de laicismo. Y una izquierda que no es autocrítica y no llama a las cosas por su nombre es la otra cara de la derecha.

ZASCA

Se dice que «zasca» es una manera de derrotar, hacer callar o ridiculizar a un rival en unas discusiones que tienen lugar en público. Por no hablar durante un parlamento, pues quien grita aparece como ganador, como el listo, como el que sabe humillar.

El «zasca», sin embargo, es propio de zascandiles, una frustrada muestra de incapacidad de ironía, de alimento para los ingenuos y desconocimiento de la sabiduría de los sofistas. El «zasca» es la horterada de los que no saben argumentar.

Pero todavía hay más carencia de materia gris en el «zasca». Da vergüenza ajena ver como ante una discusión que exhibe ante todos, los partidarios de unos y los otros los cuentan como triunfos. Y los medios de comunicación, al servicio de unos y otros, se inclinan devotamente ante ellos.

El aplauso esclavo al zasca se parece a quien alardea de haber vencido al amante de su mujer porque le ha meado en los zapatos. El zasca no se merece ni un zasca.

ARISTÓTELES

De Aristóteles han llegado muchos comentarios sobre su grandeza y enciclopédico saber. O se ha centrado todo lo que dijo en especulaciones metafísicas. Tantas especulaciones, que un agudo filósofo inglés decía irónicamente que se estaba haciendo *mefistica* de este cóctel muchos siguen viviendo y reduciendo el filosofar a la verborrea. Pero hay algún aspecto de su doctrina que me gustaría destacar y que se olvida con frecuencia.

Fue un viajero apátrida. Fue extranjero en Atenas y tuvo que moverse para escapar de situaciones en que su vida peligraba. Esto le debió posibilitar pensar una ciudad en la que ordenadamente cupieran los que son diferentes. Que conociera y tratara a dos colosos como Platón y Alejandro Magno le ayudaría a entender la excelencia entre los humanos.

En cierto modo fue un científico frustrado. Lo que le interesó de verdad fue la física y la biología. Con él aparece la idea de evolución. A nosotros no nos ha llegado nada de esto y nos hemos quedado con la filosofía. Cosa normal si tenemos en cuenta el progreso de las ciencias empíricas que convierten en irrelevante su ciencia y la continuidad, sin embargo, poco de las preguntas que nos hacemos los humanos sobre la existencia mortal.

Con él podemos distinguir los dos tipos de entender la vida y que llegan hasta hoy. Uno es el platónico, idealista, con tendencia a la trascendencia y que corre detrás de las ideas mientras Aristóteles pisa tierra firme, es empírico, naturalista, analítico y terráqueo. Esa bifurcación llega hasta nuestros días.

Y lo que es muy decisivo es que nos entregó una ética en la que se nos dice que hay que conocer nuestras potencias para hacerlas realidad. Busquemos los medios adecuados o virtudes y lograremos la vida buena que nos es posible en esta vida. Ya su nombre fue un anticipo, puesto que Aristóteles quiere decir «el que persigue el mejor fin u objetivo».

Por lo que sabemos de su libro, *Política*, construido de muy diversos fragmentos, fue un convencido monógamo. No sé si hay que seguirle en eso.

Por mi parte y en una personal combinación de Heidegger y de la sabiduría popular que se queja de aquellos a los que les falta mundo, me quedo en lo siguiente.

Estar en el mundo tiene no poco de ético. Porque insta a que nos enteremos dónde vivimos, cómo nos sustenta la tierra y cómo somos uno más entre todos los que pisamos mundo. ¡Salgamos al mundo!

EL MUNDO

Es curiosa la diferencia etimológica entre mundo y tierra, aunque muchas veces los tomamos como sinónimos. Mundo es sinónimo de cosmos, armónico o limpio. De ahí que usemos inmundo como feo o sucio. La tierra, por su parte, parece que indica lo seco, incluso lo que sostiene, está debajo. No en vano nosotros hablamos del terruño. En euskera *lur*, quien sabe si del latín *telur*, es la tierra que pare al sol y la luna, una diosa e incluso un nombre.

Pero el significado como uso de mundo tiene varias acepciones. Para la astronomía, y según Armstrong, el mundo con minúscula se refiere al planeta tierra, mientras que con mayúscula hace referencia a todo el universo. En el cristianismo el mundo es malo, contamina con su materialidad y habría que rescatarlo de Satán. Heidegger da importancia a la mundaneidad del mundo; es decir, a sentirse mundo, a estar en el mundo, a contemplarlo como el lugar al que hemos sido arrojados.

NACIONALISMO

Muchos de los que condenan al nacionalismo por ser una inflada identidad, un dañino romanticismo o una infantil superioridad, cometen dos errores de bulto además de definir a su antojo el complicado concepto de nacionalismo. El primero consiste en atacar a los supuestos nacionalismos vascos y catalanes desde un férreo nacionalismo que cae en todos los defectos que dice combatir. Es la paradoja de la inversión, consistente en negar lo malo en uno mismo para afirmarlo en los demás. El segundo lo construyen apoyándose en datos y más datos para concluir que el nacionalista no respeta la historia y se nutre de falsos mitos. Esta acusación es o ignorancia o mala intención; es que existe un llamado nacionalismo que no hurga y escarba en colecciones de datos, muchas veces manipuladas, sino en la libre voluntad. Es esto lo esencial y el resto cuento, propaganda o interés que viven dentro de un Estado-nación que esperamos que desaparezca algún día. Lo importante es que la estrechez de los Estados actuales ceda ante una República universal.

CONFUSO

Pocas veces he estado más confuso sobre qué actitud tomar. Me imagino que es lo que les ocurrió en Alemania entre las dos guerras mundiales, o a algunos españoles en la Segunda República. Y es que, por una parte, amenaza una tremenda nube fascista y, por otra, una izquierda oportunista y farsanta. Todo ello dominado por un capitalismo que usa la socialdemocracia como un paternal rostro humano. El cuadro es una gran mentira con diversos colores. Personalmente, me muevo entre dos aguas que amenazan ahogar. Una de ellas mira desde fuera por dejar de lado una política manchada de monarquía y militar-catolicismo y dentro de la cual no hay sino complicidad con el poder. La otra, colocándome en una virtual hipótesis en esa política que hay que apoyar con la nariz tapada, así como los pequeños pasos que se den desde la seudoizquierda a favor de las necesidades de la gente. No sé si es posible la conciliación de las dos posturas. De momento sigo firme en mis posibles aportaciones sociales a favor de una vida emancipada y libertaria. Y no pondré trabas a esos pasos o parches que alivien a los que más padecen en esta injusta sociedad. Pero no me morderé la boca para criticar a todos, se llamen de derechas o de izquierdas que sin vocación política pero con mucha profesión para trepar, entontecen a la gente, siembran indignidad y contagian con su incultura. Y entonces aparece la confusión. Intento salir de ella pensando en una isla, quizá Barataria, como la del Quijote, para gozar, *procul a negociis*, con mi amor.

KANT

Es una estrella en el mundo de la filosofía. Nació en la antigua Prusia de una familia pietista, grupo rigorista luterano. Dicho rigor no le abandonará nunca en medio de una mente prodigiosa, creativa, rompedora y generadora de una visión de la vida que dura hasta hoy. Dio clase en la Universidad de Königsberg en donde permaneció toda su vida. Enseñó desde geografía hasta lógica, en donde se le veneraba como modelo de extraordinario talento. Era muy pequeño y tenía un ayudante, Lampe, de muy pocas luces, cosa que le daba descanso y relajación. No se casó nunca y cuando invitaba a alguna mujer lo hacía de tres en tres en honor a las musas. Murió con casi ochenta años de diversas dolencias, sobre todo de problemas digestivos, sin que le abandonaran nunca los dolores de cabeza. Comenzó siguiendo las enseñanzas entre racionalistas y escolásticas de Wolf. El latín fue la lengua con la que escribió sus primeros escritos. A pesar de sus decisivas contribuciones a la estética era tan poco dotado con la música que gozaba con los conciertos de la banda de su pueblo. Espoleado por Hume quien le despertó de su «sueño dogmático», empezó a construir su sistema preguntándose por los límites de nuestro pensamiento. De ahí que los tres interrogantes a los que quiso responder fueran: qué es lo que podemos conocer, lo que debemos hacer y lo que nos es posible esperar. Y de ahí lo que se ha dado en llamar el giro copernicano consistente en no contemplar al sujeto en función del mundo, sino este desde el sujeto. No sabríamos cual es la esencia del mundo, puesto que la construimos recubriéndola con las formas de la sensibilidad y las categorías del entendimiento. De esta manera todo sería *a priori*; es decir sintiendo y pensando sin el concurso directo de lo empírico. Kant piensa así, guiado por el seguro paso de la ciencia: que hay que desterrar las especulaciones de la tradición, que no hacen sino dar vueltas a la pura lógica, que no son sino vaciedad y confusión. La razón, que es la que se sitúa más allá del entendimiento, generará la idea de deber propia de la ética. Respecto a lo que podemos esperar Kant se hará un lío y postulará a dios y al alma con una ocurrente prestidigitación. Fue un coloso que inició una nueva manera de filosofar, de definir el Derecho y la política de los Estados. La actual y débil llamada Naciones Unidas en él se basan. Eleva de esta manera la Ilustración a un rango más alto de la Modernidad y su lema de «atrévete a saber» que habría de ser el ideal de una humanidad emancipada. Tanto le interesó la Revolución Francesa que cambió su implacable horario para recibir noticias de lo que estaba sucediendo en Francia. Mucho más se podría decir de su filosofía y de la enorme influencia en la posteridad. Leerle supone un gran esfuerzo que queda compensado por la luz que desprende y la alegría de invitarnos a ser nosotros mismos. Es el triunfo de la autonomía frente a la heteronomía.

PROSTITUCIÓN

Prostitución quiere decir venta del propio cuerpo, el sexo en concreto a cambio de un beneficio que generalmente es económico. En términos generales el intercambio de la intimidad sexual es un «do ut facies y facio ut des». Sería un intercambio, una transacción que no tendría que ser buena ni mala y que puede darse en más de un ámbito de la vida. El concepto cambia y se complica cuando se trata de un oficio que tiene lugar en locales o en la calle bajo el mando de un proxeneta. Y la situación se agrava si la mujer que se prostituye, ya que normalmente son las que ponen en venta su cuerpo; lo hace por necesidad extrema. Además está ligada a la emigración de personas que huyen del hambre y tienen que sobrevivir. En una sociedad ultracapitalista, en donde todo es mercado y los individuos se convierten en objetos, es una muestra de lo desalmado que es el mundo actual.

Ante esta situación habría que hacer las siguientes distinciones. Ante una prostitución profesional o callejera en manos de redes mafiosas que extorsionan a mujeres de todas las edades, la reacción individual y colectiva ha de ser contundente. Lo primero ir directamente contra esa corrupción organizada y repugnante. Es hipócrita clamar contra la prostitución y no exigir a los correspondientes gobiernos que luchen de verdad contra esa extorsión. Desde el punto de vista legal habría que prohibir todo el negocio de la prostitución, cuando se probara que es así, y no porque sea un negocio. El negocio es un intercambio civil como tantos otros. Por cierto, si se habla de negocios que exploten a los individuos que se empiece por los bancos o algunas empresas.

Existe también la prostitución voluntaria. Fuera de redes y mafias una mujer quiere dar sexo por dinero u otros favores. Eso remite a la libertad y el cuerpo. Si yo soy dueño de mi cuerpo de tal forma que hasta puedo suicidarme, nadie tiene la potestad de impedir que haga lo que me da la gana siempre que no haga daño a terceros. En caso contrario se caería en un puritanismo infantilmente dictatorial. Se objetará que a esto no hay que llamarle ya prostitución. Que se utilicen entonces las palabras con precisión. Y que todos analicemos mejor y que no vayamos de listillos.

IRIBAR

El portero del Athletic por excelencia ha cumplido ochenta años. El Txopo es un recuerdo vivo, una estatua con aires de eternidad. Una referencia sobresaliente para todos los *athleticzales*, y me gustaría fijarme brevemente en tres aspectos de su figura. La primera tiene que ver con mi infancia y la primera vez que lo vi en San Mamés. Era joven, extraordinariamente ágil y esbelto. Se convirtió en un modelo y alentó mi admiración por la difícil tarea de los porteros. La segunda no puedo por menos de relacionarla con su compromiso como vasco. Sin estridencias ni dificultades, no lo oculto. Como contestó a un impertinente comentarista que se empeñaba en que afirmara su españolidad le limitó a decir con contundencia que era de su tierra. Buena respuesta porque en un trozo de tierra hemos nacido y nadie tiene por qué echarnos más tierra encima. Y la tercera atañe a mi relación personal. Le he visto un par de veces, he charlado a gusto con él y guardo la foto que nos hicimos como uno de mis mejores regalos. Y si le contemplo desde la filosofía se manifiesta en él la importancia del juego. La filosofía tiene mucho de juego porque es saltarina, debe defendernos de los muchos ataques que recibimos, nos hace fuertes y contenidos en la vida y nos muestra que es necesario ser firmes con nosotros mismos y cuidadosos con los que tenemos alrededor. Lo que tenemos cerca con este portero ejemplar es el amor a nuestro pueblo, el placer, no exento de sufrimiento, de ser del Athletic y de reconocer que el fútbol posee una riqueza humana que hay que rescatar de todas las turbulencias que lo rodean. Desde ahí podemos abrirnos a lo universal y abrirnos a toda la humanidad. *Eskerri Asko Iribar Jauna eta Zorionak.*

MI HERMANO ÁNGEL

Ángel es el mayor de los siete hermanos. Como íbamos casi en binas yo me crie especialmente junto a él. Dormíamos en la misma cama con las protestas mías por cualquier cosa, éramos amigos y rivales en una casa que padecía los males de una Guerra Civil devastadora. Nos educaron en una implacable iglesia y nos humillaron los ricos de Las Arenas. A la altura de mis años y de los dos más de él, me gustaría decir lo aiguiente. Tenia fama de raro, introvertido y tímido. Pienso que era una persona firme, que se apoyaba en sí mismo y que desconfiaba con razón de la imbecilidad de este mundo. Parecía firme pero guardaba una gran afectividad que no regalaba a cualquiera. Fue un trabajador indomable y estudió todo lo que pudo y más. Hizo una dificil carrera contra viento y marea. Inteligencia penetrante y capacidad de abstracción. Y conmigo ha sido siempre tan crítico como protector. Más listo que yo, he aprendido de su ejemplo, de sus inteligentes intuiciones y de su sano sentido común. Solo me gana y por goleada en lo escatológico. Ahí tuvo un maestro genial en tío Masi. No en vano fue su sobrino predilecto.

Ángel en este terreno no tiene rival ni teórico ni práctico. Cada vez le agradezco más sus enseñanzas, su modo de estar en la tierra y su cariño. *Zorionak eta Eskerri Asko.*

MOCIÓN DE CENSURA

La contemplación de unos farsantes hablando y unos monigotes aplaudiendo. Una jaula de chimpancés no lo haría peor. Un rito primitivo le daría más gracia y colorido. La ignorancia y vana palabrería lo invade todo. Es el dominio de lo que los griegos llamaban «parresía», la pobreza en el uso de palabras como progresistas o ultraderechistas; el desconocimiento de la historia y del bien razonar. Si uno tuviera que escoger a cualquiera de los que allí se sientan, no encontraría a nadie que lo haga por servir realmente a la gente ni por otra cosa llamada vocación. Todos están por la profesión de trepar, ser conocidos y ganar dinero. Para colmo todos se reclaman de una Constitución monárquica, nacionalcatólica y militarista. Hablan del peligro del fascismo y lo promueven ellos. No llegan ni a una débil socialdemocracia. Que nos dejen en paz y que no nos aburran. Y que nos devuelvan el dinero.

A todo lo dicho podríamos añadir lo que ha sucedido recientemente en esta sexta moción de censura y en la que una vez más no ha prosperado. Lo primero es resaltar que se trata de puro teatro, de una anodina representación de lo que ya estaba decidido. Y es que cada uno de los partidos llevaba aprendido lo que iba a decir y hacer, lo que supone una pérdida de tiempo, de respeto y de seriedad con la ciudadanía. Especialmente cuando existen problemas sociales y económicos considerables. Finalmente es una falta total de pedagogía. Lo que debería ser modelo de diálogo que reflejara interés por mejorar la vida de todos, se convierte en una pobre diversión. Una diversión que contó con la postulación a la presidencia del Gobierno para con una persona que no era de partido alguno. Si se aprendiera de los errores, esta pantomima podría ser una ocasión para aprender.

RATZINGER Y FRANCISCO

Mi breve aportación a una mirada sobre estos últimos papas la hago desde fuera. Quiero decir con ello que no pertenezco a ninguna iglesia. Más aún, y siempre con interés en el gran campo por donde se extienden las religiones, pienso de forma secular y laica. Pero soy consciente que el catolicismo alcanza a casi un cuarto de la humanidad y que me he criado en un país culturalmente cristiano. Eso sin olvidar que conocí al entonces todavía solo sacerdote Ratzinger en la estancia que hice en Tübingen para preparar mi tesis doctoral. En dicha ciudad había dos profesores que destacaban dentro de la teología católica. Uno era Hans Küng y el otro el citado Ratzinger, a quien luego conocí nada más llegar a esa bella ciudad, al asistir a una conferencia que daba sobre la patrística cristiana. Era de poca estatura, de voz atiplada y de modales modestos. Luego le he seguido, aunque no muy de cerca. Siempre me pareció estudioso, introvertido y claramente ortodoxo. Un prototipo del alemán medio. Y dando un gran paso y como Papa después de pasar embridando la ortodoxia, desde su puesto de guardián de la fe, creo que ha seguido igual: *anodino entrista*, equidistante y alejado del ruido del mundo. No se dio cuenta que en Latinoamérica le ganaban los evangelistas, en Europa el islam y una sociedad que en buena parte se aleja de viejas prohibiciones, como el aborto o la eutanasia. Creo que para los católicos ha sido un Papa sin pulso y para los no católicos un Papa más.

Pasemos a Francisco. Es una figura bien distinta del Papa que acaba de fallecer. La primera obviedad que salta a la vista es que uno es alemán y el otro es argentino. Provienen, por tanto, de culturas diferentes y la impronta que han dado al papado es bien distinta. En Francisco hay que tener en cuenta que es jesuita. Toda una novedad en el centro de la curia romana. En Argentina fue maestro de novicios, cargo que se suele encomendar a una persona rígida y disciplinada. No ha sido esa la imagen que ha ido dando día a día en su papado. Y parece que ha introducido cambios que dan la imagen de apertura y proximidad al pueblo. Supongo que para muchos, tales cambios serán accidentales, poco profundos, mientras que otros los verán revolucionarios. Estos últimos, que acostumbran a ser los que más ruido hacen, lo tacharan de destructor de las esencias de la Iglesia y añoraran al anterior. O al anterior del anterior. Desde fuera de los creyentes cristianos, la impresión es que tal vez se le escuche con más simpatía y los Estados lleguen a acuerdos menos tirantes que en otra época.

Quiero rematar todo lo dicho con dos observaciones, una sociológica y otra psicológica. Sociológicamente y dado que vivo en España, me gustaría que la Iglesia perdiera los privilegios que mantiene en la enseñanza, en la economía y en la posición de la que goza por el Concordato y una Constitución criptoconfesional. No sé si de esta manera irá perdiendo poder político. Pero estoy seguro que sería fiel a un mensaje de amor. Y ya desde el punto de vista psicológico o personal no tengo que dar consejo a nadie. Solo recordar, desde mi incredulidad, que deseo cualquier aire fresco de solidaridad y justicia. He estudiado Teología, he escrito y enseñado Filosofía de la religión y no estoy dispuesto a aceptar ninguna imposición, ni del más acá ni del más allá. Si Francisco ayuda mejor que mejor.

Solo añadir que Francisco se va a encontrar entre dos fuegos. Su bonhomía y buen talante van a topar con los reaccionarios que se atrincheran contra lo que para ellos es el legado de la tradición y los que piensan que sus reformas son tímidas. El caso del Sínodo alemán que, haciéndose eco de Lutero, desafía hasta el cisma, es un claro ejemplo. Es todo un síntoma que no augura nada bueno para una centrada idea de la catolicidad. La curia vaticana siempre alerta a no perder poder o ayuda a lo que hasta el momento ha funcionado. Solo queda esperar y ver.

ORAR

Orar quiere decir llamar en ayuda a alguien, pedir algo e incluso plegarse ante quien va a escuchar tus necesidades. Dicho simbólicamente, es la boca que busca una mano protectora. La oración puede ser mágica, religiosa o laica. En la magia se intenta influir o también dominar a Dios o los dioses, compartir su poder. Se trata de un primitivismo activo aún entre nosotros y que no acaba de reconocer el espacio que compete a la razón. En la religión, con el vestigio aún presente de lo mágico, se quiere entrar en contacto con lo divino, intercambiar devoción por protección. Puede reducirse también a lo simbólico, a la manifestación de un valor último al que no se renuncia.

En una actitud laica podríamos repetir lo que escribía Wittgenstein, para quien orar consistía en pensar en el sentido del mundo. En esta oración se desvela la radical soledad, la queja por sentirse abandonado, el mostrar cómo nos admiramos por la existencia, cómo respetamos lo desconocido, cómo soñamos con que la última palabra no esté dicha.

ESCOLÁSTICA

La escolástica sonará a muchos hoy como una rancia palabra. Otros la tomarán por un pensamiento entre teológico y clerical. Y otros como verborrea, palabrería o mera repetición.

Como creo que la escolástica es mucho más, me detendré en algunas características de su importancia. La palabra procede del griego y el latín, y quiere decir escuela. Los escolásticos, por tanto, serian escolares. No es una muy definida doctrina sino un método o modo de razonar. Este punto es fundamental. El escolástico, por encima de todo razonaba y aunque los contenidos de los que trataba eran teológicos los envolvía en razonamientos de una sutileza admirable. Y eso tanto en Tomas de Aquino como en Occan o Scoto. En un paso más, lo continuaron filósofos como Francisco Suarez o el Padre Mariana. Y en otro paso más cercano influenciaron a autores que van a ser fundamentales en todo el periodo moderno. El caso de J. Locke es especialmente claro. No hace mucho una persona que pasaba por ilustrada me dijo que A. Keny, al que traté y del que aprendí no poco hace unas décadas, que era un escolástico en tono despectivo. Me entró la risa. Keny es un destacado analítico. Y la filosofía analítica una manera indispensable de filosofar.

INTIMIDAD

De intimidad se habla con frecuencia como si se tratara de una idea clara cuando en realidad la rodea una nube que oscurece su significado. Agustín de Hipona decía que Dios le era más íntimo que su propio yo. Valga como una declaración de fe. Los que no sabemos de ese Dios y desconfiamos de tan emotivas exclamaciones nos movemos en la cuerda floja al intentar hacernos con ese escurridizo concepto. Para obtener alguna luz haré las siguientes distinciones.

Lo privado se contrapone a lo público. Privado es lo que pertenece a un particular mientras que lo público pertenece a todos. Privado es mi vivienda y público es la Sanidad, al menos en este país. De ahí que haya derechos privados y públicos.

La intimidad es diferente y no tiene el contraste entre lo privado y lo público. La intimidad puede ser tanto el momento más pudoroso de nuestras necesidades humanas como nuestras fantasías. Los miedos que se han desatado con la superinteligencia tienen que ver con la capacidad que tendrían otros de conocer y manipular tales pensamientos o fantasías. Con cierta ironía podemos decir que nos encantaría saber lo que pasa por la mente de muchas personas, empezando por las más próximas.

Si esto es así chirria referirse a derechos íntimos.

No tanto porque no lo son sino porque al flotar la intimidad sin contraste alguno desafía cualquier intento por delimitarla. Esa usa una de las razones de que use la palabra con tanta ligereza.

Por mi parte, y confesando que me envuelven muchas dudas, sí quiero afinar el concepto de intimidad me atrevo a decir que atañe más que a una actividad, al núcleo de una persona, a la que realmente la distingue de las demás. La intimidad es lo que nos diferencia y merece un respeto total. Y eso está más allá de los derechos por mucho que nos gustara conocer las imágenes y fantasías de no pocos. Y si en algún momento las Nuevas Tecnologías nos penetrarán tal vez habría que redefinir lo humano.

LA MISA DE NUEVE

En mi infancia y juventud no ir a misa el domingo era pecado mortal y podías ir directamente al Infierno. No era un dogma, era un mandamiento de la Iglesia que había que cumplir. Y como para tantos más, la religión no tenía mucho que ver con que Dios existiera o no, que eso se daba por supuesto, sino con las formas de protección y miedo que recibíamos de los poderes clericales. Los del Ojillo, mi barrio, no solíamos ir a la parroquia, regida con mano de hierro por don Ángel Chopitea, sino al muy cercano Convento de las Siervas de María. Quedábamos a las nueve, oíamos un sermón que no nos interesaba nada, dado por un gris sacerdote, y salíamos corriendo para jugar al fútbol si el tiempo lo permitía. Habíamos cumplido con el deber, nos habíamos sometido mecánicamente a un rito que no entendíamos y nos sentíamos con ganas de un vivir la fiesta dominical. Despues de desayunar íbamos a la Tejavana y alli estábamos horas y horas dando patadas a la pelota y a los tobillos. El suelo era de cemento y no sé cómo no perdimos la cabeza. El centro había sido la misa, los canticos de las monjas desde el coro, y nuestra imaginación volando a la Tejavana. Esa era la funcion de la religión.

DON HILARIO UGALDE

Fue un cura coadjutor de la Iglesia Basílica cuya vida discurrió entre los años treinta y sesenta del siglo pasado.

Le cogió por medio la Guerra Civil y según mi madre su tragedia era que los milicianos le prohibían vestir sotana cuando, como decía, la había llevado toda la vida; una sotana de merino añadía para dejar claro cuánto amaba esa prenda. De don Hilario podría escribir un libro pero me limitaré a algún dato para regocijo y recuerdo de los portugalujos. Era un cura totalmente tridentino cuya obsesión consistía en cumplir bien ser semanero. El semanero era quien cada semana estaba de guardia en los deberes parroquiales. Ser un aplicado semanero era más sagrado para él que ser sacerdote. Sus sermones dominicales, auténticos tostones, los prolongaba acabada incluso la misa y su enfado subía de tono si la gente se iba, aburrida, a la calle. En sermones la banalidad infantil era su santo y seña. En una ocasión se pasó toda la perorata riñéndonos porque decíamos «adiós» en vez de «a Dios» me encomiendo. Las confesiones las recuerdo como un rato en los que, además de acariciarme la cara con la nariz, se extendía tanto que los que esperaban se desesperaban. Y si uno decía «Ave María Purísima» te acusaban de haber desobedecido a tus padres y haber enredado en la Iglesia y te ponían de penitencia tres Avemarías despachado limpio de alma. Una vez se me ocurrió decir que tenía un pecado muy grande porque había pensado en el culo de Dios y no se inmutó. Solo añadió en la penitencia un Avemaría más. Don Hilario era en palabras de mi madre un «chocholo». Su figura pequeña, voz de pito y sus reprimendas constantes son una pieza de la dura posguerra. Y un ejemplo de la vida de aquellos curas que vivieron y murieron funcionarios. Eso sí, de la muy «catoliconacional iglesia».

QUERIDO CEREBRO ¿QUÉ QUIERES DE MÍ?

Es esta una de las muchas expresiones en boca de neurólogos y psicólogos. De esta manera y de forma excesivamente alegórica, establecen un extraño dialogo con el cerebro. Y esto nos abre a un problema que quiero exponer a tientas y a mi aire.

Kant en su *Crítica a la razón*, con su pregunta de qué es lo que podemos conocer se encuentra con a la paradoja de que el cerebro se dice a sí mismo que es. Paradoja semejante a la de un juez que se juzgara. Siendo esto así hemos de reconocer tiene algo de, valga la expresión, esencia contradictoria. Es sujeto y objeto al mismo tiempo, una construcción evolutiva en la que la conciencia se vuelve sobre ella misma en un movimiento infinito, en una autopercepción o autoreferencia que se muestra esquiva, enigmática, lógicamente enloquecedora.

Se dice que habría que distinguir entre cerebro y mente. La mente sería una función del cerebro pero no sabemos qué es eso de función. Además la mente aparecería como una cualidad dentro de la cantidad métrica en la que se expresa el cerebro Y parece que no se sabe cómo se da ese gigantesco paso de la cantidad a la cualidad. Y es que aunque estuviéramos analizando todas las partes del cerebro no encontraríamos la piedra filosofal de ese paso.

Recurrir al «yo creo» que no aclara mucho. Porque el «yo en cuanto tal» no existe. Y volver a repetir todo lo que sabemos de nuestras redes neuronales nos deja como al principio. Por mucho que disequemos la mano no nos dirá qué es, por ejemplo, lo que la hace robar. Por mucho que nos introduzcamos en dichas neuronas no encontraremos el significado que damos al pensar. Y repetirnos una y otra vez las condiciones que, cerebralmente, las posibilitan es entrar en un círculo vicioso. De ahí que oigamos a muchos afirmar, por un lado, que todo es genética, epigenética y neurociencia. Es entrar en un bucle que aturde.

Por mi parte, y dando por supuesta mi admiración y estima por lo que nos entregan los científicos y sus espectaculares avances, pregunto, pregunto y pregunto...

Acabo con alguna consideración personal atrevida. Es probable que no podamos llegar nunca a las respuestas pero sí desearía más claridad sobre la estructura de las preguntas. Por lo demás dejemos al «yo» como una ficción lingüística y al Ego para una inflación que no tiene solución ni para un economista como Ramón Tamames.

CEREBRO

Como es una pregunta que me vengo haciendo desde hace tiempo y no consigo aclararla voy a dar rodeos para ver si la entiendo y se entiende. Hace poco escuchaba a un neurólogo decir que no sabía qué era el pensamiento. Me ocurre lo mismo. Acepto que el dualismo que diferencia entre cuerpo y mente es insostenible. No deja de ser un residuo religioso que hace guiños a un alma espiritual. Hoy escuchamos que se trata de algo emergente y que por tanto lo que llamamos mente es una función del cerebro. Pero sigo sin saber que el significado «pensamiento» sea función del cerebro. Primero porque los significados habitan en el lenguaje y esto nos vale para entendernos entre nosotros y nada más. Por otro lado, una función, por poner un simple ejemplo, es cuatro: como función de dos por dos. Solo que en este caso conocemos lo que es cuatro y con el pensamiento nos quedaríamos en una función que se agota en sí misma. Basten con estas breves y tal vez ingenuas reflexiones. La cuestión es que tanto la emergencia como la función me dejan en la estacada. Se me ocurren varias respuestas pero todas me parecen imprecisas. Sigo a la espera de entender y de entenderme a no ser que no haya nada que entender. Hace muchos años me enredaba yo con la distinción heideggeriana, vieja desde Aristóteles, entre «el ser y la esencia». Parece que si se toma el ser o la existencia como un supuesto, una luz que en vez de iluminar oscurece, podríamos decir, con cierta nostalgia que lo que es el pensamiento nos atraerá siempre pero que no lo alcanzaremos nunca. Somos límite.

EXPRESIONES SUBJETIVAS HABITUALES

Es habitual escuchar expresiones como «es que lo siento así», «es que yo solo sé lo que me digo», «es que no me entiendes ni me entenderás». Lo que habría que responder de inmediato es que en este caso lo mejor es que se callen ya que no podemos entrar en esa verdad interna que se escaparía al contraste con los hechos. Un absoluto interno se impone y nadie lo podría poner en duda. De esta manera, llegaríamos al absurdo de que alguien puede decir que es bueno aunque no haga más que maldades o que Dios le habla pero el solo lo sabe. El subjetivismo se ha comido la realidad. Un yo pletórico crea los hechos. Suena a aquel idealismo romántico germano en donde la conciencia generaba el mundo. Las religiones, sectas y fanatismos son ejemplo de tales actitudes y sus consecuencias suelen ser funestas. Tienen una verdad absoluta y la imponen como si tuvieran un poder divino. Pero hay dos tipos de este disparate de dar sentido a lo que no lo tiene puesto que el sentido o significado ha de ser compartido. El primero es el extremo consistente en la locura, de una fe irresistible por la que uno dice que es Napoleón, habla con el diablo o tiene la misión se salvar el mundo. El otro es más esquivo e integrado en la sociedad. Se trata de una semilocura y que es una locura. Todo se basa en «es lo que a mí me gusta» o en fuertes emociones desprovistas de contenido. Es una especie de epidemia que impide el diálogo razonado. El signo de unos tiempos en los que una devastadora ignorancia dentro de un mundo que supura irracionalidad. Una nueva Ilustración sería bienvenida. Pero no se la ve por ninguna parte.

NEOFEMINISMO, SUPERFEMINISMO, ULTRAFEMINISMO

Dana Harvey propuso un nuevo feminismo que debería generar una nueva especie en la se borraría o completaría lo que actualmente tenemos. No se le hizo mucho caso por su lenguaje enrevesado y sus propuestas extravagantes. En un terreno muy diferente, la Inteligencia Artificial o Singularidad nos dice que acabaremos logrando un transhumanismo que nos colocaría por encima de la especie en la que nos encontramos hoy. Y la teoría *queer* y un cierto feminismo nos dicen que debemos luchar a favor de lo transgénico. Si lo entiendo bien sería o una reivindicación del hermafodita (léase a Foucault) o de un híbrido que daría como consecuencia una superación de lo se entiende por macho y hembra o un género frankisteiniano más elevado a lo creemos en nuestros días. Por mi parte, y dejando de lado la intención de las propuestas sobre todo las últimas, me parecen, confusas, parcialmente interesadas y poco científicas. Tal vez porque veo cualquier autodeterminación debería estar anclada en la biología natural.

LA MUERTE DEL PADRE

Mi padre murió un uno de enero por la mañana. La noche anterior había celebrado la Noche Vieja con sus hijos y con normalidad. Fue de repente. No hubo agonía. Fue un mazazo, un golpe brutal que me ha dejado una huella profunda. Se derrumbaba un mundo, me dejaba solo frente al horizonte y en un absurdo incomprensible. Una vida rica de grandes gozos teñidos de sufrimientos se convertía en una esquela. Lloré de verdad. Y cuando todos los años en ese día recibes felicidades y deseos o promesas, aparece mi padre entero como si no lo hubiera destruido el tiempo. En esos momentos me suena a trivialidad que Freud hablara metafóricamente de la muerte del padre. La real une cesación, recuerdo imborrable y una combinación de lo cruel que es la existencia y lo reconfortante que es la bondad.

EXISTENCIALISMO

El existencialismo es un movimiento filosófico y cultural que tuvo una gran importancia en Europa después de la Segunda Guerra Mundial. En una posición abstracta estaba Heidegger, en una situada a la izquierda política, Sartre e incluso habría que contar a Marcel dentro del existencialismo cristiano. El existencialismo fue una vuelta desgarradora a los humanos y su dolor. El sinsentido de la vida, el suicidio, el estar arrojado en el mundo fueron sus temas principales. Hace más de 50 años los de mi generación, devoramos libros, artículos y films existencialistas, especialmente franceses. Recuerdo que a los veinte años vi *El Hombre Rebelde* de Camus y pasé toda la noche en blanco. Mi vida quedó zarandeada, en vilo. El existencialismo ha desaparecido del horizonte. Algunos lo recordamos con simpatía. Es una huella a mantener viva de un mundo de autoengaño y vaciedad interna solo rellenada con pobre credulidad.

ENIGMA Y MISTERIO

Enigma y misterio suelen tomarse como sinónimas. Wittgenstein también lo hizo. Creo que no acertó. Porque el enigma es algo muy difícil de resolver pero que podría dilucidarse mientras que, el misterio, superando nuestras capacidades mentales, no lo podremos conocer nunca. Uno es un laberinto y lo otro una oscuridad en la que jamás alumbrará la luz. De ahí que suela afirmarse que en el misterio se hunden las religiones y aparece la fe frente a la razón.

Desde un punto de vista científico la diferencia es importante. Por ejemplo, no es extraño escuchar que nuestro cerebro es un misterio. Tal vez habría que decir que, sin duda, es un enigma y probablemente un misterio. Una cuestion central en una ciencia que reflexione sobre sí misma.

Entre las personas abundan las enigmáticas y todo, hasta ahora al menos, tenemos una barrera en donde aparece el misterio.

Lo malo son aquellos que tienen ni enigma ni misterio. O porque se les ve enseguida o porque tratan de disimular su vaciedad simulando un misterio.

ESPERANZA, ESPERA Y EXPECTATIVA

La «esperanza» decían los Escolásticos es un bien arduo. Los Escolásticos eran unos muy ingeniosos teólogos que metían sus afiladas mentes en los misterios divinos. La teología, decía Russel, es la ciencia del absurdo. Y es que es harto difícil hablar de allá donde habita lo desconocido. En cualquier caso, esperar, como virtud teologal, es tanto como sufrir o introducirse en un extraño trabajo.

La «espera», por su parte, es semejante a la ansiedad, a la nerviosa actitud que desespera, a una paciencia que está a punto de romperse. Nada extraño que se haya afirmado que si alguien te hace esperar es porque no te quiere, como ya he repetido.

La expectativa es algo complejo. Por una parte es tanto estar atento a que suceda algo que nos dara satisfacción; por otra, se trata de un deseo que si se cumple nos colma.

Es difícil la «esperanza». Es no menos difícil esperar. Pero, eso sí, mantengámonos a la expectativa.

LA HISTORIA SE REPITE

Yo veo eso de los movimientos que dicen situarse a la izquierda del PSOE desde más distancia que si estuvieran en un globo. Pero me interesa como retrato de este país y, dando un paso más, de lo marionetas que somos los humanos.

Voy a partir de la ascensión a los cielos de Yolanda Díaz, a los mismos en los que Pablo Iglesias ha quedado, como chico malo, mirando contra la pared. Todo ello aplaudido por el fervor de mucha gente que dice haber encontrado, de nuevo, un proyecto ilusionante, tópico de lo más logrado, y un nuevo sujeto revolucionario que hace gobiernos progresistas, otro tópico más, y no sucumbe a la derecha.

A mí esto me recuerda a la lucha entre mencheviques y bolcheviques y que sirve como esquema general de lo que ha ocurrido en las democracias liberales en donde se enfrentan derecha e izquierda, reformistas y revolucionarios o liberales y socialdemócratas.

Hagamos un poco de historia. En términos teóricos la definición de socialismo y sus alianzas tuvo lugar en las fuertes discusiones de la primera a la cuarta Internacional Socialista. Pero su plasmación práctica se realizó en torno a la Revolución de Octubre en Rusia. Ahí competían mencheviques y bolcheviques. Los primeros se guiaban por Mártov y los segundos por Lenin. Los mencheviques, más moderados, proponían una alianza con la burguesía y menos saña con el zarismo mientras que los bolcheviques leninistas aborrecían a los entregados mencheviques. Saldrá ganando

Lenin a sangre y fuego. Y así se comienzan a dividir las dos tendencias, la comunista de partido único y la socialdemócrata.

Si volvemos a lo que ha ocurrido ahora contemplaremos el triunfo de los mencheviques liderados por Yolanda Díaz. El PSOE, los banqueros y los grupos autotitulados de centro izquierda se han quitado de en medio a un cursi que va de leninista y que ha cobijado a unas feministas que con sus discutibles leyes estorban a una socialdemocracia ahijada del capitalismo. Esta es la historia y su eterno retorno.

BIOÉTICA

Sobre la bioética se dicen tantas cosas que voy a evitar habla de su historia o de las múltiples perspectivas e intereses que terminan escorándose hacia la trivialidad o el fanatismo.

Por mi parte voy a ofrecer un breve cuadro de cómo debería estudiarse. Antes de nada se debería tener un conocimiento serio de la ética. Puesto que de ética estamos hablando y no de opiniones arbitrarias, intuiciones personales o iglesias —sean religiosas o científicas—. En segundo lugar, tendría que darse un encuentro entre biología y ética, entendiendo la biología en su sentido más amplio. Respecto a la ética y dado que existen diferentes éticas, que cada uno muestre de qué ética habla y esté dispuesto a argumentar con las otras. En tercer lugar, debería pasarse a asuntos como el derecho o la ética médica, en su día clásicamente paternalista y hoy más centrada en la voluntad del paciente. Es lo que podríamos llamar bioética clínica. Lo que sí tendría que dejar de lado la bioética es la religión. Una sociedad democrática ha de aspirar al laicismo. También tendría que defenderse de una bioética clínica que se arroga la pretensión de ser toda la bioética y que no hace más que darle vueltas triviales a lo que escribieron Beauchamps y Childress, ambos, por cierto, cristianos. Lo que he dicho no creo que convenza a muchos. La mayor parte tiene intereses muy parciales o conocen solo una materia que sería la primera y principal. Claro que no quiero convencer a nadie. Es imposible si antes no ha dudado de sí mismo.

EL ABSURDO

La palabra absurdo quiere decir hacer oídos sordos, no hacer caso de dichos y hechos irracionales. Paradójicamente en lógica una de las pruebas más contundentes de la reducción al absurdo es que de una de las premisas se concluyera pues estaríamos ante una premisa que deberíamos rechazar. Es como querer encender la luz con los plomos fundidos. Pero a mí me resultan desconcertantes los absurdos de la vida cotidiana. No me refiero a si es absurda la vida en general,

asunto en el que ha corrido mucha tinta filosófica. Me refiero a ese conjunto de imbecilidades que es difícil entender. Nos engañan una y mil veces y seguimos creyendo al embaucador, contemplamos el robo, la impostura, la mascarada de un poder económico y político pero la credulidad no disminuye. A veces la mentira es tan grande que solo la sostiene la confusión interesada, la ignorancia culpable, la infantil emoción, los desmanes del corazón, la esperanza de lo inesperable, el lio, en suma, que nos hacemos con nosotros mismos. Es este un absurdo que supongo que no entenderé nunca.

Una vez que lo tengamos, aprovechémoslo. Pero no digamos falazmente que el dolor es un trampolín para el bien. El dolor es malo y punto.

Y la medicina y la ética son el mejor antídoto contra el dolor. La medicina luchando para aliviar el cuerpo. La ética proponiendo una vida buena que nos acerque a esa felicidad al alcance de los humanos.

PORQUE ME DA LA GANA

Es una frase típica del español. Suele ser el último recurso en una discusión o la expresión suprema del deseo, la forma más aguda de mostrar nuestro yo. Porque las ganas exhiben la actitud ávida de quien se apoya en sí mismo. Pero la frase tiene sus detractores. Para algunos sería una chulería trivial que desconoce cómo estamos atados o nuestras necesidades o unidos al resto de los humanos que tambien tienen sus ganas. Los que de esta manera opinan son los serios, los de ademanes graves, los correctos Y no se olvide que los correctos dando una buena impresión de salud en realidad padecen la enfermedad del miedo. Y es que la frase tiene fondo ético. Es la firmeza de no doblegarse a la sumisión, el poder de la dignidad, el apoyarse en uno mismo. La ética es siempre el desdoblamiento de uno mismo, la pequeña pero decisiva creación de lo que queremos ser.

SUBLIME

Lo sublime es diferente de lo bello. Lo sublime no tiene límite. Lo bello sí. En lo sublime el objeto supera y absorve al sujeto. En lo bello el sujeto limita y cerca al objeto. Ahí está Kant y su ejemplo de una tempestad. Y bien lo ven aquellos artistas que, en su extremecimiento, crean y reflexionan sobre lo creado. Me atrevería a decir que la cultura hebrea tiende a lo sublime mientras que la griega lo hace a lo bello. Curiosamente Spengler escribió que los griegos fueron incapaces de atinar con el número cero. Sería ideal que supiéramos transitar de lo bello a lo sublime y viceversa. En vez de desdoblarnos o buscar un gris término medio, como un subir y bajar una escalera, o un movimiento de la tierra al cielo y del cielo a la tierra.

FALSACIONISMO

El filósofo K. Popper ha sido y es una figura más que destacada en el campo de la ciencia y, si bien en principio, su obra se centraba en encontrar un criterio de demarcacion que separara lo que son las ciencias de las seudociencias, sus enseñanzas van mucho más alla de lo estrictamente experimental. Su criterio de demarcacion, aceptado o mejorado despues por otros filosofos, sostiene que si una teoría no es capaz de que sea refutada o negada nunca, estamos ante un espureo conocimiento, ante una fe o un pensamiento absoluto. Creo que fuera ya de su utlidad directamente cientifica, nos ofrece un criterio también para nuestras vidas y la relacion con los demás. Voy a poner un ejemplo personal. Yo soy aficionado al Athletic de Bilbao sin límite alguno. Nada puede apartarme de que ese una entrega al Club. No es posible refutarlo. Recuerda lo que hizo otro filosofo, A. Flew, aplicando el criterio de Popper a las creencias religiosas. Estas serían puras palabras. Si afirmo que Dios es bueno y no sé qué es lo que falsaria de esa afirmacion no he dicho nada. Pienso que algo parecido sucede en el intrincado mundo de los afectos o del descarado mundo de la política. Si no se sabe que es lo que tiene que pasar para dejar de amar a una persona o qué desatino tiene que hacer un partido político para no volver a votarle, hemos entrado en la obcecación de la fe y no en el de la razón. Hay que concluir que crecemos intelectual y humanamente negando. Y es así como nos liberamos del dogmatismo. Por mi parte lo reconozco y es un paso autocrítico.

SUICIDIO Y SENTIDO DE LA VIDA

Se han estudiado las causas del suicidio desde las distintas ciencias. E. Durkheim nos entregó un exhaustivo examen de las causas sociales del suicidio. Desde el punto de vista psicológico y biológico abundan igualmente análisis que intentan indagar los motivos por los que hay gente que se quita la vida. Y hay casos, una terrible e insuperable enfermedad, por ejemplo, en los que la muerte producida por uno mismo adquiere una amplia comprensión. Los estoicos, por su parte, se suicidaban con la razón de que una vez que se esté de sobra en esta vida lo mejor es marcharse. Sería un suicidio filosofico. El asunto se acentúa cuando lo vemos en una persona cuya conducta es del todo entendida por normal. Es entonces cuando salta la pregunta del sentido de la vida, de si la vida merece vivirse. Por qué se nos ha traído a este mundo, obviamente, sin nuestro permiso. Hemos pasado de la nada a una breve existencia en la que no faltarán todo tipo de sufrimientos. Cotemplada así la vida no parece que merezca mucha estima. Es ahí, sin embargo, donde nosotros hemos de encontrar, inventar o crear razones para seguir viviendo. El sentido de la vida no viene bajo el brazo cuando nacemos sino que lo vamos dando cuando vivimos. Cada uno que se mire a sí mismo y decida. Una buena decisión consistiría en otorgar sentido al tiempo que estemos en este mundo con el placer de amar y ser amados, el gozo de los momentos felices y la satisfaccion de ser solidarios con los demas. No se trata de moralina. Se trata de razones.

ELECCIONES

Las elecciones son un ritual en las democracias. En las representativas se elige a aquellos que hayan postulado los diversos partidos políticos. Y la gente los vota en una ceremonia entre solemne y ridícula. Pero a parte de otros problemas intrínsecos, uno de ellos es la democracia misma, hay algunas extrañas deficiencias que se suelen pasar por alto. Así, la gente ante la avalancha de propuestas de felicidad que ofrecen los partidos y que no es fácil que se materialicen, no vuele la vista atrás. No examina a los partidos en cuestión de lo que en las elecciones anteriores prometieron. Y es que antes «meter que prometer». Y unido a lo anterior esta la falta de protesta respecto a lo no cumplido en el pacto entre el elector, que es quien debería mandar, y el elegido o recadista. Tal vez se proteste con la lengua pero pocos lo harán con la mano. Por cierto, se puede votar a este o aquel. Solo que si no se está de acuerdo con lo que se propone, la alternativa más digna es no votar. Porque al primero que se debe votar es a uno mismo.

A LA CONTRA

Vivir a la contra no es cómodo. En la oposición hace mucho frío, decía el maquiavélico Andreotti. Cierto, algunos, entre los que me encuentro, sabemos lo que es ese frío. Fuera de la Iglesia ha clamado y clama Roma su ortodoxia frente a los que considera heterodoxos. Claro que la disidencia es castigada con el silencio o la cárcel por todos los sistemas políticos. No hablo de los excéntricos, de los provocadores, de los que quieren hacerse notar o de los que son inadaptados y no saben por qué. Me refiero a los que no siguen al rebaño y que, como escribía Schopenhauer, se les persigue de algún modo menos que por lo de que dicen que por el hecho de decirlo. A la larga, la historia suele darles la razón pero a la corta padecen el rechazo, la interesada incomprensión del poder y de los obedientes. Pero no todo son desgracias para quien mantiene a raya su independencia. Se siente satisfecho con él mismo por ser fiel a sus principios, tiene amigos de verdad y hasta goza sanamente con la envidia de los otros, que quisieran ser como él. Y siendo sincero goza especialmente con su singularidad. Es como si fuera de Bilbao.

IDENTIDAD

Siempre me ha intrigado la palabra identidad y sus desbaratados usos. Ya Hume escribía que se trata de uno de los conceptos más difíciles de la filosofía. Pero unos son más inofensivos, otros más complicados y otros o ambiguos o directamente falsos. Es trivialmente verdadero por tautológico decir que dos y dos son cuatro o que Javier es Javier. Una es una verdad lógica y la otra ontológica pero no nos informan nada sobre el mundo porque se limitan a afirmar que es lo que es y eso no es decir nada. Una identidad es complicada si la estiramos como cuando decimos que el bebé que era Javier es la misma persona vieja de hoy. En estos casos recurrimos a expresiones como identidad en el tiempo, relativa o encadenada. Pero me interesa fijarme más en las confusiones que por interés o ignorancia se dan en la vida cotidiana con su reflejo político. Una se produce cuando se acusa a los llamados nacionalistas de crear una identidad falsa al caer en la pura mitificación. Se les llama, sin más y con una palabra confusa *identitarios*. Habría que responderles que aunque muchos mitifiquen, la mayor parte hablan de autodeterminación y es esta la diferencia fundamental. No suelen darse cuenta los acusadores la mayor parte de las veces que son ellos los ultranacionalistas. La otra identidad ficticia y por la que además se cobra, es la de una psicología de andar por casa, que ademas de una mala comprensión de Freud, le dicen al paciente que ha de encontrar o reencontrar su identidad. Es como si existiera una imagen platónica o una realidad a la que el paciente debería ajustarse. Y no hay tal cosa. Lo que hay o debería haber es la construcción de una personalidad que se desarrolla en el tiempo. Y se consigue con las capacidades propias, con la voluntad y en el tiempo. Por mi parte me quedo con una identidad ambulante que espero lograr con la ayuda y amor de otros.